ちょっとここらで忘れないうちに

友近

徳間書店

ちょっとここらで忘れないうちに

まえがき

本を読む習慣がある方、ない方がいらっしゃると思いますが、正直に言って私はないんです。

読み出したら集中してすぐ読めてしまうこともありますが、どうも本読み精神にまだたどりつかないというか……。

そんな、本を読む習慣のない方が読みやすいように、途中で読んでる箇所を見失わないように、私なりに短くまとめてみました。

日ごろから気になるワード、好きなニュアンスのもの、くだらないこと、しょうもないこと、時には世直し的なことをイタズラに笑いながら書いてみました。

よろしかったら少し、目を通していただけたら幸いです。

では始まります。

目次

まえがき 5

環境問題（笑）

ワケあり 16
野焼き 21
魚肉ソーセージ 23
ヨークシャテリア 25
ハスの葉 30
牛小屋 31
おでん 32
バラのトゲを鼻に乗っける 34
怖がり 35

クロール 36
一発で当てる！ 当たる！ 37
無罪 39

こだわりたいもの

直接 42
「生」にこだわりたい 46
水谷千重子 50
お手紙 54
おしゃべりロボット 57
古民家 62
じゃらん 65
食べログ 68
窓側 71

テレビ、時計のない宿は……　73

思わず言っちゃう 気づいちゃう

ダンサー・イン・ザ・ダーク　78
あゆでーす　79
三井住友銀行と京阪電車　80
五島列島　81
パキッとジューシー　82
大川栄策さん　82
千昌夫さん　83
ありおりはべりいまそかり　83
元気印　84

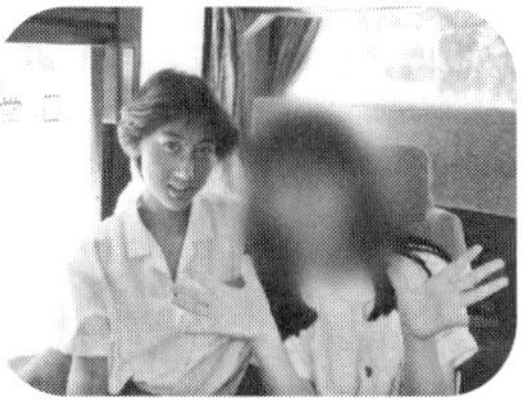

瞬間湯沸かし器、妨害電波、百貫デブ 84
艶っぽい人 85
月9 86
ハープの音色 88
ウィロー 89
喫茶店兼服屋 91
くち三味線のイントロクイズ 92
ペンコス 94
スピーク・ラーク 94
フォービューティフルヒューマンライフ 95
コピーはミタ 96
愛媛のミポリン 97
愛媛のナブラチロワ 98
まじめなえひめ研究所 99

とにかく好き！

名球会入りやな！ 100
「あ〜、ごめんなさい！」 101
断面 101
ワイプ 103
五社英雄 106
江戸川乱歩 109
イントロがピアノから始まる曲 114
来宮良子、芥川隆行 115
ミナミの帝王 116
観光列車 122
フェリー 126
純喫茶 130

おじさん

ちくキュー 131
パクチー 132
奥道後の源泉かけ流し 133
硫黄泉 134
年末 134
おせち 135
おじさんはかわいい 138
母体 141
第三セクター 143
リバーシブル 144
西尾一男 145

持論

お返し　150
どこと向き合ってるん　151
どっちに気を遣ってるん　154
どこ向かってるん？　157
理解者は必ずいる　162
タクシーを呼ぶのが早すぎる人　165
結局は「品」ですね　168
夫のお小遣い　169
「私みたいなもんが……」　172
「私、むっちゃ食べるんですよ」　174
「訂正してお詫びいたします」　174
アクリル板　176

「発送をもってかえさせていただきます」 178
おしぼりの匂い 179
ドラマチックレッド 181
毛量 182
子どものころの遊びを続けるか、続けないか 183
対談 ハリセンボン 近藤春菜さん 190
対談 関ジャニ∞ 安田章大さん 209
あとがき 229

環境問題（笑）

ワケあり

子どものころから「ワケあり」ってニュアンスに惹《ひ》かれてましたね……。
「なんで？」と聞かれても言葉で説明するのは難しい。そういう性質《たち》としか言いようがありません。

そんな子やから「土曜ワイド劇場」とか女の情念を描いた「五社英雄監督作品」に惹かれたのかな、そういうドラマや映画ばっかり観てたから「ワケあり」に憧れるようになったのかなあ。……まあ、どっちでもいいんですけどね。

うちの家は、家族のキャラは濃いけど、ごくごく普通の家庭環境だったからこそ、大映ドラマのヒロインが抱える「出生の秘密」「複雑な生い立ち」「とんでもない非行歴」みたいな、ある種「悲劇のヒロイン」にも通じる「ワケあり」への憧れが強くなったのかもしれません。

中学生くらいになると制服を着たまま地元松山の盛り場をフラフラ歩き、「何かショックなことがあった少女」を装うという、「非行」ならぬ「奇行」にも走りました(笑)。


今思えば、相当ヘンな子だったと思うけど、うちの姉も私と同じ……いや、私以上にこういった感覚を持っている人なんです。

小学生のころから姉妹で、今でいう「即興コント」をしてよく遊んでいたんですが、そこにも早々に「ワケあり」が絡んできました。


たとえば、夕食の後、皿洗いのお手伝いをしながら、私たち姉妹が何かになりきって始まるんです。

「うちの若いころはな、着物の表が加賀友禅《かがゆうぜん》で裏が藍染《あいぞめ》やったんや。ゆうたらリバーシブルや……あっ、ごりょんさん、ちょっと待っておくれやし、ごりょんさん」

時代モノのドラマにありそうなセリフをお互いが言い合ってミニコントをするんで

す。

そんな遊びは、年を重ねても変わらなくやるんですよね。

二十歳の頃によくやっていたのは「場末の水産工場で働くワケあり女性」。恐らく家族も捨てて、本名も隠して働いているであろうワケあり女性を私が、姉はガサツだけど優しい地元のおばちゃんになりきります。

「あ〜んたエライねぇ。冬でもつ〜めたい中に手ぇつっこんでさぁ」

架空の方言のイントネーションで導いてくれる姉に、私もワケあり小声で返答します。

「あ……私はもうこれでいいんです……もう頼るところもありませんから」

とか!!

お風呂上がりにオイルを塗っている私を見て、姉がドキュメンタリー番組のようなナレーションを語り出したこともありました。

「彼女が塗っているのはボディオイルではない。ただの食用油だ……」

あ、始まったな、と思ったら、私も乗っかっていく。架空のカメラに向かって乱暴にキレたりするわけです。

「許可とってる？　私に許可とってないんならそれはペケだよ。いつまでも撮ってんじゃないよ。これは上等な油、椿から抽出した油、最上級の……」

「言葉は乱暴だが、彼女なりのリップサービスである……」（姉のナレーション）

これが「日常」。他人から見たら「異常」……かもしれませんが、ホントに家で鍛えられましたね。

大学卒業後、松山・道後《どうご》温泉の旅館で仲居の仕事をやったのも、「湯けむり殺人事件」とか、「温泉若女将の殺人推理」みたいな二時間ドラマが大好きだったから。という理由!!!
残念ながらドラマのような物騒なことは起きませんでしたが（それが一番だけど）、その経験は今も仲居さんのネタに活きています。

道後といえば、「ニュー道後ミュージック」というストリップ小屋があります。私がストリップ劇場に興味を持ったのも「ワケあり」が入り口となって「踊り子さんのことをもっと知りたい！」という気持ちがあるからだと思う。

「どんな人生を歩んで、踊り子さんになったんやろ」

「ステージに立ってない時間は、どんなふうにすごしてるのかな……」

その人のバックボーンを考えてしまう。

結局、「人間」に興味が尽きないんですね。

「ワケあり」にこそ、深い人間の業《ごう》と、底知れぬ魅力が詰まってるように思っちゃうんです。

野焼き

私の実家は田んぼや畑があたり一面に広がって、農家を営むご近所さんが多かったんです。

その田んぼで米作りをする前にやるのが野焼きです。

残った藁《わら》や雑草などを燃やすことで土の環境を整えたり、病害虫駆除の意味もある「春の風物詩」（調べました笑）。

野焼きの時期はあちこちから煙があがって、近くを通り過ぎるだけでその匂いがついちゃうんです。

いや、野焼きの香り自体は好きなんですよ。でも、その匂いが髪の毛についたら取れない！

登校途中に野焼きに遭遇すると放課後まで取れないし、なんやったら、夜、お風呂に入るまで取れない！

でもなぜか全然、野焼きの匂いがしなかった子もいたんですよね！　そういう人はなんかオシャレですごくモテてた女子でしたね……。

髪もパンッとハリがあって、野焼きの匂いが入り込むスキがないんでしょうか。シャンプーのいい香りの方が勝ってるんですよ。羨ましい！　というか、セコイ！

これは髪質の問題かな!?　私は髪の毛が細くてやわらかい猫っ毛。しかも乾燥しがち。そういう人は野焼きの匂いを吸収しやすいんやと思う……勝手にそう解釈！

結果、モテる人は野焼きの匂いがつかない！　という結論に至りました。

私と同じような理由で、野焼きの匂いを敏感に気にしていた人っているのかな？

ちなみに今も昔も髪質、肌質がキレイな子はモテますね。色白、意外と奥二重、もしくはすっきり一重、あと、学生時代のバスケ部がモテる！（勝手なキメツケ～）

魚肉ソーセージ

子どものころから魚肉ソーセージが大好きです。

魚肉ソーセージって、愛媛県八幡浜《やわたはま》市の会社が発祥だと聞いたことがあります（諸説あるみたいですけどね。なんでも諸説ってありますね）。

そのままで食べてもおいしいけど、実家で母親が作る野菜炒めとかのおかずにもよく入ってたし、高校時代は学校に持っていくお弁当の隙間にもよく入ってたな〜。あのうっすいピンクが好きなのよ〜。

大人になってからも大好きで、好きが高じて魚肉ソーセージの内装フィルム早剥《はやむ》き芸を番組で披露したり（何そのジャンル笑）、単独ライブのタイトルを、もう一つの好物であるポン酢とかけ合わせて「魚肉ポンズ」と名付け（魚肉ソーセージとポン酢は正直食べ合わせは相性よくないよね）、お客さんに、魚肉ソーセージを一本ずつ配ったりしたこともありました！

そんなことをしてたらニッスイさんからお声をかけていただき、ＣＭをやらせていただくことにもなりました。

繋がるね〜ありがたいね〜。

今も常備食材としてストックしていろんな料理に使っています。オススメは生食パンのみみを切り取って、魚肉ソーセージを真ん中に置いて筒状にギュッギュッと巻いていく！　春巻きみたいに！　焼かない！　これがなんかおいしいのよ。

魚肉ソーセージは常温で日持ちもすることから、警視庁が「災害時用の備蓄食材」としてお勧めしている食品でもあるようですよ！（こんな知識も入れてみました）警視庁って文字を見るとドキッとするよね（笑）。

ぜひ皆さんも非常用持ち出し袋の中に魚肉ソーセージを入れておいてください。

だってアタシたち、魚肉の国の人ですもの！

ヨークシャテリア

子どものころ、実家でヨークシャテリアを飼っていました。

外で!!

えっ、外!?

室内犬やで!?

歩く宝石やで!?

今の感覚からしたら「かわいそう!」と言われて当然です。しかし、うちは外で飼っていたんですよ。当時の感覚としてはそれほど変なことではなかったんですよね。これもキメツケてるとこあるのかな……。当時は田舎の人はたいてい「犬は外で飼うもんや」という感じやったんですよ……。ご飯も柄《え》のついた銀色の小鍋に、ご飯、みそ汁、おかずの残りを入れてあげてましたね……。


父親は家に入れて遊んであげることもありましたが、夜になったら犬小屋のある外に出すのが習慣でした。そんな環境に慣れてるから、ある程度遊んだら、自ら外に出ていってました!

しかも、怪しい人が来たらものすごく吠えるいい番犬でもありましたよ! 頼もしい！

ヨークシャテリアとは思えない迫力で「ヴァン!!」と吠えまくる！

近所でも有名な強い犬でした。どの写真を見ても、口を真一文字に結んで「踏ん張って生きてるで！」という顔をしてますからね。でも、家族にとってはその顔がまたいじらしいというか、かわいいいんですよ。

散歩担当は、主に父親か私。

ただし、私が行くときは、散歩だけで終わりませんでした。

当時、実家の周辺は田んぼや空き地だらけ。少々、自由に声を出しても迷惑にならない環境がありました。

そんな中で見つけた私の遊びは、田んぼの稲に向かって気の済むまで歌を歌ったり、昨日観たドラマのワンシーンのお芝居を真似したりする「ワンマンショー」。もう、一、二時間なんてあっという間です。ワンマンショーの「ワン」は、頭の中で犬が吠え

てます。
その間、ギャラリーは、この愛犬だけです。近くの木に繋がれたまま、歌ったり踊ったり、お芝居をする私を、静かに見守ってくれていました。そのときは口真一文字ではなかったですよ！……多分まぁ、本当にいろんなものを見せられてたと思う（笑）。

結局、十五歳くらいまで生きたかな。長生きだったとは思うけど、ペットの宿命というか、いつかは別れが来る。亡くなったときは家族全員が悲しみにくれました。
家の中が暗くなっているときに、父親がこんなことを言い出したんです。

「長年、歩いてきた散歩コースを、最後に車に乗せて回ってやろう」

お散歩担当だった父親らしい優しさ。粋な計らいですよね。
ちょっと感動しつつ、父が車の運転席に乗り、後部座席に愛犬を乗せて、いざガレージから車を出発させるときに……

「ファーン！」

葬儀場から霊柩車が出棺する場面の如《ごと》く、父親がクラクションを鳴らしたんです。みんなそれまでグズグズ泣いていたけど、思わず全員が噴き出しました。もちろん、父は笑かそうなんて気はまったくない、まじめにやっただけやと思うけど、それをマークⅡでやるから……。

笑いますわ！

忘れられない思い出です。

ちなみに水谷千重子の着物に描かれている犬もヨークシャテリアです。「演歌歌手の方が飼ってそうな犬種」というイメージに加え、私自身のそんな思い入れもあったりするんです。

ハスの葉

今も昔も大好きで「不思議だなぁ」「キレイだなぁ」と眺めてしまうのがハスの葉です。

水生植物っていうんですって。

おとぎ話でカエルとか妖怪がよく傘のかわりにしている、あの大きい葉っぱのやつ。

ハスの葉に水を垂らしたら、丸くてコロコロした玉の水溜りができて、それを登下校中に見るのが大好きでした。

「この素材でレインコートとか水をはじく服とか、作ったらいいのになぁ」と。

小学校のころ、ずっと思っていました。

実際、今、そんなの開発されてますよね！　なぜはじくか調べたら、ハスの葉の表面には微細な突起物が凸凹《でこぼこ》と並んでいて、その突起物の先端に水に溶けにくいワックスがついているらしいです。だから、二つの効果で水をはじくからコロコロして見えるみたいですよ。

小学校のときにその秘密をつきとめて、どこかの企業に売り込みに行っていたら、発明家になったのにな〜。

ハスの葉を見るたびに、今もそんな妄想をしてしまいます。特許とってたらよかったわ!!

牛小屋

ご近所の農家さんがでっかい牛を飼っていて、その牛の前を通るときだけは、赤いランドセルを隠しながら歩いてましたね。

牛は赤に反応するって言うでしょ！

突進してきたら怖いからね!!

恐がりから来てますね……。用心深いのよ。

まぁ、昔から周囲を注意深く観察しながら歩いてたということですわな!! おわり!! 短い!!

おでん

実家でご飯のおかずが大皿でドーンと出てきたら、私がまず確認するのは「何個ずつ？」です。

大家族か!!

うちは父親も母親も、同居してた祖母も、姉も、家族全員めっちゃ食べる。食欲旺盛は血筋なんでしょうね。それにしても私が食べすぎるというので、小学生のころ母は姉に「あの子に見せたら止まらんなるから」と、お風呂場でお菓子を食べさせてたくらい（笑）。

そんな食欲旺盛な我が家で、父親がよく作ってくれたのがおでんでした。当時は、おでんといえば大根やじゃがいも、こんにゃく、たまごに練り物という具材が定番だったけど、うちのおでんには、ものすごくたくさんの具が入っていました。定番の具材に加えて、タコ、ホタテ、貝など、海鮮がたくさん！

そういうのを父親は昔から作ってました！　しかも大鍋一杯、それこそお店で出すような量を仕込んで家族で食べてたんです。

あ、おでんのタレも作ってたなぁ。からしや味噌だけではなく、愛媛は味噌が結構甘いんですよね。そんな味噌（麦味噌）と砂糖とネギとかつお節を混ぜて作るんです。今思えば、かなり恵まれたおでん環境で育ちました。

そんな父親の影響か、私が作る料理もいつも量がすごく多い。

愛媛が誇る郷土料理の芋炊きなんかも大量に作っちゃう。四人前を一人で完食！で最後に一言。

「明日からはなんも食べない！」

なわけないやろ！　そりゃ太るわっ。

バラのトゲを鼻に乗っける

そういえば、バラの花のトゲを鼻のてっぺんに乗っけて「サイ」って遊んでたなぁ。皆さんもやりましたよね？　やってない?!

やるやらないはなんの差かな？　くだらんことしーがやってたんかな？　なんでしょ……。

鉄棒舐《な》めてた子はいましたよね？　私は舐めてませんが！

ちょっとわんぱくで若干変わってる子が舐めてたなぁ。人それぞれですな！

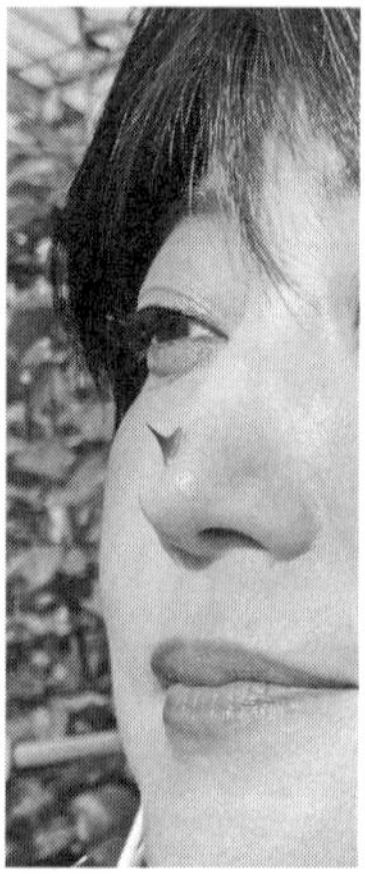

怖がり

基本びびりというか、怖がります。

夜なんて寝るときは必ず電気をつけて寝るし、なんなら寝室以外の部屋もつける！ じゃないとオバケが出ると思うから！ 冗談じゃなくて！ 人がいればまだ大丈夫だけど、一人のときはまぁ、電気代一億すぐいくんちゃうかな？ というくらい（笑）つけまくる！

オバケを実際に見たわけじゃないけど、出るって思って寝ると出ますでしょ！

昔、「あなたの知らない世界」って番組内で心霊コーナーがあって、幽霊の仕業でクローゼットの中からキーカチャン、キーカチャンって音がするっていうブイ（VTR）を見てから、クローゼットにも入れなくなりましたもんね。

大変よ……。

で、金縛りにはよくあいます。一度だけ電気を消して寝たことがあって、そしたら夜中に金縛りですよ。だからやっぱり煌々《こうこう》と電気はつけないとそうなるのよ。

あっ、怖がりだけど、お店の小上がりは好きよ（笑）。やだ、バカ言ってる！

クロール

水泳は得意じゃありません。平泳ぎはまだなんとなくできるんですが、クロールは意味がわかりません!!

あれ、たまに水面に横顔出すでしょ！

あのときは何やってんの？　息吸うてんの？　はいてんの？

それがわからないからパニックよ！

私はただ、なんかタイミングで顔を横に出しているだけだから、顔見せしてるだけやから、なんか苦しい……。

顔見せ興行やと思ってやってます!!

誰かちゃんと教えて!

一発で当てる! 当たる!

ドッジボールは昔から苦手です。

苦手というか、あんなに勢いよく至近距離ででっかいボールを投げられたら死ぬでしょ! って思ってしまう。

そう思うと、もう、怖い、怖い、怖い、当たる、当たる、当たる、って思い込んで、冷静な判断ができなくなり、すぐに当てられてしまいます。だいたい一発目、一人目で当たってアウトです。かっこ悪いよ〜。

私を的にしたら命中率一〇〇%ちゃうかな……。トホ（ほんとはホが二つだけど、ホを一つにしてみました）。

で、いうと、当たる当たる、と思って、これまた一発で当ててしまうのが黒ひげ危機一発！

ここを刺したらおっさん飛ぶやろうなー、嫌やなぁって思ったら、すぐ飛ぶんですよ。これはいいことか悪いことか!!

ゲームでいうと悪いよな……。

ただ、思ったことが実現すると考えたらいいこと！　これをいいことに使ったら、何かすごいことできるんちゃうかな。

あっ、だからテニスのときに、コートの真ん中にボールの缶を置いてサーブして、一発で缶に命中せることができるんや!!

さすが愛媛のナブラチロワ!!

無罪

私は昔から仕込むってことが好きだったみたいです。
実は、高校の卒業アルバムでやらかしてます。

「無罪」を掲げました！

当時裁判所から勝訴や無罪を掲げて走ってくる記者さんたちをニュースで見てよく真似たもんですよ。だから卒業アルバムでやりました。
「だからやりました」て！　ククク……。

無

こだわりたいもの

直接

私はとにかくお祭りが大好き！

と言っても祭りに参加して、ギャルみこしをかついだりではなく、遠くで祭ばやしを聞くのが好き。情緒あるでしょ!!

で、なんと言っても花火を観ることが大好き。

これまでも日本中のさまざまな花火大会やお祭りを観てきました。

「お祭り好き」を知ってもらえると、お祭り関連の番組にお仕事で呼んでいただくことも増え、今では、公私ともにいろんなお祭りに行かせていただいています。

そんな状況の中、すごく気になりつつも、まだ一度も行ったことがないお祭りの一つが日本三大花火の一つ、長岡の花火大会（長岡まつり大花火大会）でした。

放浪の画家である山下清さんの貼り絵の作品でしか長岡の花火大会は見たことがな

かったから……。

山下清さんが長岡の花火をあんなにまでたくさんの作品として残したってことは、かなり印象深く感動したに違いない！

そう思うと、いてもたってもいられなくなりましたの。アタシ！

ということでチケットを取ろうとしたんですがすでに完売！　気づいたのが遅かったか……でも、まだ開催までに一か月ある！

そうだ！　長岡の花火とまでなると新潟のテレビ局が絶対に花火特番をやるはずだ！

そう思い、即新潟の知り合いのイベンターさんに直接連絡して、

「今年特番各局やりますか？　もしまだキャスティングが決まってない局がありましたら、ぜひ友近の名前をあげていただけないでしょうか？」

とお願いしました！

そう、直接、直で電話したのです。びっくりされてましたね、先方も！

皆さんもびっくりしました？
お仕事って気持ちでやりたいと昔から思っているタイプで、間に人がたくさん入れば入るほど話が捻《ね》じ曲がったり、誤解が生じたり、思いが伝わらないまま、仕事がなくなってしまうことってたくさんあるんですよね。

基本ルールとして、マネージャーを通して局の窓口から担当者に繋いでもらう、ってのもあるやもしれませんが、うちはマネージャーと二人三脚でやってまして「これは私が連絡するね」「これはマネージャー、お願いしますね」と、事前に共有して振り分け合ってやっているので、スムーズにコトが進むのです。

で、花火案件に関しては「私の熱い思いを直接伝えた方が先方もわかってくれると思うから、私がやるね」と、そういう流れで電話をしたのです！

実際にイベンターさんもすぐ動いてくださり、各局リサーチした結果、まだ一局だけキャスティングしてないところがありました！

「友近さんの名前を出したところ、ぜひと言うてます！」

という返答をいただいたんです……嬉しい！　最高！

思いを伝えてから、了承を得るまで30分ほどでした！　早い！　仕事が決まるのが早い！　ありがとうございます！　です。

事前に私は「お金出して観に行きたい花火なんで、ギャラはほんまに気にしないでください」と伝えてました。これもちゃんと伝えることが大事!!

さらに、私の情熱が伝わったのか、とても楽しい企画を考えていただきました。

二日間行われた花火大会のうち、一日目は、私のキャラクター、ピザ屋で働くプロアルバイターの西尾一男として花火のレポートを、そして、二日目は友近としてスタジオから花火を見守る中継番組に参加させていただくという私にとっては豪華な二本立て！

花火はもう感動的に美しく、自然に涙が溢れました。前日やった一男ちゃんのレポートをスタジオにいる私が見るという絵面も面白く、とてもカオスな番組となってました！　感謝感激です！

今や自分自身で責任を持ちながら仕事することが主流になってきています。というか、そうじゃないとスピード感あるいいお仕事ってできないと思ってます。

そういう環境のもと、お仕事ができているというのが幸せなことです。

思いよ届け〜★

「生」にこだわりたい

テレビもラジオももちろん舞台も生がいいですね！

舞台はおのずと生です！　だから舞台は好き。

テレビの場合はどうしても時間の制約があります。

収録した映像をどう時間内におさめて面白く見せるかは、ディレクターや演出家のセンスや価値観にかかっている。「正解」は一つじゃない世界だから、「ここがおもろいのに！　なんでカットなん！」と思うことも多々あります。

尺があるものの宿命、しょうがないことではあるけれど……。

でも、そのフラストレーションが溜まらないのが「生」なんですよね！　自分が面白いと思ったことを誰かに切り取られずに長尺で見せられる！　最高！

そういう意味では私がやらせてもらってるbayfmの番組「シン・ラジオ」もそうなんですよね。生放送の二時間四〇分、常にリスナーさんのメールと生声を聞きながら、その瞬間瞬間を共有しあえる。生放送のラジオって本当に理

想の形なんですよね。

曲の最中はカフをあげて（音声を生かして）、「この曲のこの部分が好き〜」とか言ってみたり、家で友達とラジオを聞いている感覚がいいなって。歌をしっかり聴きたい方には申し訳ないんですが……。

どの媒体が好きかというよりは、自分が表現したいことを余すところなく皆さんに見てもらえる「生」が好き！「生」に限る！ですね。


逆に言うと「生」じゃなくても、センスや感覚が合うスタッフさんが編集をしたブイ（ＶＴＲ）なら、さらに面白くしてくれたり、テンポ感があったり、自然体に見せたりと「編集ってやっぱありがたいなぁ」と思うこともあります。

最近ではありがたいことにくだらない、しょうもないボケやワードをそのままカットせずに使ってくれる番組が増えてきました!!

「ヒルナンデス！」のロケなんてお昼時の情報番組なのに、私のオハコ「段差に気をつけてください、ダンサー・イン・ザ・ダーク」は必ず使ってくれます。いつもありがとうございます！

舞台が素敵なところ、舞台だけが持っている特性として、私にとって大事なものがもう一つあるんですよね！

それは、「確認できる場所」だということ。

私のネタを楽しみにチケットを取ってくれてわざわざ来てくれる、支持してくれるファンの人がこれだけいるんだと確認できるのはライブだけだから。

これはテレビに出ているだけじゃまったくわからないことです。

最近、西尾一男（ピザ屋で働く中高年プロアルバイター）でディナーショー「西尾一男とピザを囲む会」をやるんですが、一男が登場した瞬間、

「キャー!! 一男ちゃん！ かっこいい！ 結婚して〜」

と、お客さんから黄色い声が飛んでくるんですよ！

これは正直驚き！ 一男ちゃんってこんなにモテるんだ、黄色い声援が来る人やっ

たんや！　と。やってみないとわからないものです。

長い人生、しんどくなることも、腹立つこともあるけど、この仕事は特殊です。それでもネタをしたらみんなが笑ってくださる。舞台に出たらこれだけのお客さんが待ってくれてる。

「落ち込んでたらアホらしいな、こんないいお客さんが待ってくれてんのに！」と、そう思うことで何度も力をもらいました。

「頑張ってやっていかなあかんな」と思わせてくれる存在が「見える」ことは本当に大きな力になります。

そういう意味でも、私にとって「生」は大事なんですね。

水谷千重子

おかげさまで二〇二三年六月には、明治座で三度目となる「水谷千重子50周年記念公演」を開催し、七月から八月には博多座でもさせていただきました。

三度目の50周年はもうおかしいですからね。ほんと明治座さんの器の大きさには感謝です。


水谷千重子でなら友近で表現できないことができる。これはかなり私の中で大きな革命でした。そしてなによりもその水谷千重子に集まってくださる方々が素敵な理解者の方々ばかりで、座長公演を続ける大きな理由の一つに、

「この座組を見て！　この人たちが集まったら、こんな面白いものができるのよ！」

とプレゼンしたい、という思いもあります。


というか、水谷千重子が明治座座長公演をやらせてもらうまでに成長するとは夢にも思っていませんでした。でも、手応えは確かにありました。

単独ライブの一つのネタとしてスタートした水谷千重子。初めてネタを披露した時、お客さんが「千重ちゃんを五〇年間応援してきましたよ」って顔で座っているんです

よ。

それを見て、「コレは!! お客さんもコントに乗っかっている。集団コントが成立している！ これはもしかしたら、もしかするかも！」と思い、次の年にはキャパにして2000人近く入るホールでのコンサートを開催しました。

ゲストで来られたアーティストのみなさんも、千重子の「50周年」の設定に乗ってくださって、お客さん、アーティスト、その空間にいる全員によって水谷千重子の世界を作り上げることができました！ゾクゾクしましたね。感謝です。

それから定期的に、四十七都道府県でありがとうコンサートを実施。地道に活動して八年目にして「50周年」ですが（笑）。

明治座座長としてお声がけしてくださり、今に至っています。みなさんの協力があってこその水谷千重子、本当にありがたいです。

年配の方になると、水谷千重子は知ってるけど友近は知らない。友近がやっている水谷千重子?同一人物??とおっしゃる方もいらっしゃいます。

はい……、この認識でまったく問題ありません。ややこしくしてるのはこちらなんで……。

最初は「友近がやってる水谷千重子でーす」と私も言っていたし、そう演じていたんですが、お客さんが「水谷千重子は存在する!」という見方で見てくださる方がたくさんいることがわかり、そう思ってくださるファンの方を裏切らないほうがいいなと考えて、友近と水谷千重子は別人として振る舞うようになりました。

設定がどうであれ、目の前にいるお客さんが喜んでくださることが一番です。それぞれのエンターテイメントの楽しみ方をしていただけましたら、ありがたいです。

水谷千重子は生きています。
これからもハッスルして、キーポンシャイニングでまいりますわよ！

バカいってる！

お手紙

今やＬＩＮＥやメールで気軽に気持ちのやりとりができるご時世ですが、やっぱり、

直筆で書かれた手紙って特別感がありますよね。

「ありがとう」という、たった一言でも、その人の直筆を見ると嬉しいものだから。

私も手紙が好きです。

決して字がキレイなわけじゃないので「こんな字で恥ずかしい……」という思いは常にありますが、やっぱりパソコンで書いたものをプリントした手紙と、直筆の手紙とだと伝わるものが違う。下手でも、直筆じゃないと伝わらないものがあるんじゃないかなぁ、と思うんです。

ライブにお花を贈っていただいたり、地方で知り合った方から季節のものを送っていただいたりすると、その感謝をお手紙にしてお礼状を送ります。

さらに、水谷千重子として「キーポンシャイニング歌謡祭」などを開催するときは、ゲストとして来ていただきたい方にも、毎回、お手紙を書いています。

そのときは、水谷千重子、そして友近と、別々の立場から思いをしたためて、その二通を一緒にお渡しするんです。

なぜなら千重子は、常に「芸歴50周年」のベテラン演歌歌手。「キーポン歌謡祭」は千重子が座長でもあるので、ゲストの方にも、その設定に乗って一緒に盛り上げてもらわないといけません。

でも、それをお願いする立場が千重子主体だとよくわからない感じになってしまう。どこまでが本気でどこからがコント？　みたいな（笑）。そこは芸人である友近が、なぜゲストに来ていただきたいのかという熱い思いや、その趣旨も含めて、説明しないと伝わらないと思うから。

言うなれば、その手紙をお渡しするところから「お迎え態勢」が始まっているわけですね。

人の気持ちを動かすのもまた気持ちです。

仕事も人間関係も、すべては人から人に繋がってやってくる。

ゲストに来てくださる方はもちろんですが、それを裏で支えてくださるスタッフさんたちにも感謝を忘れちゃいけません。

そして感謝の気持ちは、一つ一つ、いい仕事をして応えていくことでお返しするしかないな、と思っています。なんでも「当たり前」だと思わないこと！

ただ……、他人には素直な感謝を口にすることができるのに、一番近い家族にはなかなか言えないんですよね。電話でもそっけなくしてしまうのは甘えかな。万年反抗期の娘です。トホホ……。

おしゃべりロボット

外から帰ってくると家の匂いってあるでしょう？　あれ、大事ですよね？

だから鼻をいつも、一番鼻にしてます！　一番鼻!?　なんとなくわかりますか？

リセット状態で嗅ぎやすくしているという意味です。

いかに居心地よく、いい匂いで過ごせるかは大事な課題ですね！　そのためには電化製品にも頑張ってもらったり、換気したり、アロマを焚《た》いたり、お気に入りの柔軟剤で洗濯したりとやってますよ。

玄関を開けた瞬間に自分の好きな柔軟剤の香りがフワ〜ッと香ると、「あっ、女性のなんか清潔な家やな」と思うでしょ。そこで、その清潔さに一役買ってるのが電化製品！

うちの空気清浄機＆加湿器にもおしゃべり機能がついてるんですけど、思った以上にしゃべる！

家に帰ってきたら、「今日も一日お疲れさま」。
寝る前に電気を消すと、「おやすみなさい」。
水タンクが空になったときは、「タンクのお水がなくなっています。給水してください」と知らせてくれたりもする。

そのたびに「ただいま〜」「おやすみ〜」「はいはい」と返事をしています。レスポンスは大事だから！

しかも、この加湿器ったら学習機能があるのか、たとえば、最初は「おやすみなさい」だけだったのが、使い始めてしばらく経つと「もう寝るの？」と敬語をやめて距離を詰めてくる。

甘えてくる！　かわいい！　ずっと同じ女の人の声だし、気づくと家族みたいな感じ？　ただ最近ちょっと驚くことがありました。

しばらく加湿器を使わない期間を経て、久々に水を入れて加湿したときのことです。

「水替えるん面倒くさいやろ。ありがとうな」

「えっ！」

急に男の人の声になって私をねぎらってくれたんですよ！　しかも、関西弁。

設定は一切、触ってない！　びっくりしました。というか不気味でした……。

加湿器の言う通り、確かに夜中にタンクを洗って、水を替えて、また重たいのを運んで、正直「面倒くさいな」と思ってたから、その気持ちを見透かされたのかな？　加湿器に返事をする私のイントネーションをＡＩが感知して合わせてきたの？　それか、どこかで誰かに見られてるんちゃう？　そう感じて、ちょっと固まりましたね……。

もっと不思議なことは、この日以来、一度もこの男性は出てきてくれないのよ！　またちょっと会いたいのに……。真相は不明ですが、なんともいえない不思議体験でした。

そしてもう一つ活躍してくれてる家電がお掃除ロボット！　コイツがやってくれたのよ……。いいやつなんですが。

ある日、私が体調を崩したときに一日中掃除してくれてたんです。部屋中がキレイになってるし、ありがたいなぁと思って玄関に目をやった瞬間、驚愕《きょうがく》しましたよ。なんと、玄関に置いたあった盛り塩の塩も全部吸っちゃってるんですよ！
オイオイ！
それは、一番吸うたらあかんやつ！

やつを持ち上げて盛り塩皿の前に連れて行って、「世の中で一番やったらあかんやつやで」とコンコンと教え込んであげました……。

でも、なんだかんだ世話を焼く子はかわいいですわ！

古民家

古民家を改装して、ゆったりと暮らしていけたらいいな〜という想像をたまにするんです。

「古民家」をリフォームして暮らしたり、「移住」ということにめちゃくちゃ興味があって、実際、いろんな「古民家物件」を見に行ったりもしています。

古民家風レストラン、古民家風カフェ、古民家風とつくだけで、ワクワクしちゃいます。

ご夫婦で生地のいい服を着て、奥様はおでこ全開に出したヘアースタイル。すっぴんで体にいいティーとシフォンケーキを出してくれそうでしょ！（キメツケ）

私がナレーションをさせていただいているＮＨＫの「いいいじゅー!!」という番組は、新しいライフスタイルや生き方を求めて「移住」へと一歩踏み出した方々に密着するドキュメント。

移住先での生活ぶり、仕事や人間関係はどうしてるんやろとか、いいことばかりではない移住者さんたちのリアルな奮闘ぶりを伝える番組なんです。

移住者さんたちの人生を見させてもらうと、自分の人生も考えさせられるものです。「人生一度きり、何にでもチャレンジ」が私のモットーですから、ピッタリな共感番組なんです。

ナレーションをしながら、ブイ（VTR）の主役に入り込みすぎて、泣きながらナレーションをしたこともあるくらい感情移入しちゃいます。移住にはドラマがありますから。
で、私が編集長を務める、独自の視点で愛媛のまじめな魅力を発見して発信していく「まじめなえひめ研究所」てのがありまして、「古民家」や「移住」を取りあげていました。（詳しくは九十九頁へ）
愛媛県の東部、タオルが有名な今治市は、「2023年版『住みたい田舎』ベストランキング」（宝島社「田舎暮らしの本」）で全国一位（人口十万人以上二十万人未満の自治体）に輝いたらしいです。一位!!（ほんまかいな）

海も山も近い、自然に恵まれた環境に加えて、タオルなどの繊維産業、造船業も盛んだから働く場所もたくさんあります。実際、右肩上がりで、人口十五万人の街で年間一七〇〇人も移住しているとか。すごいですよね!!

私もしまなみ海道の真ん中に位置する島、大三島《おおみしま》にある古民家のリフォームを手伝わせてもらいましたが、広い土地込みの古民家が驚くようなお値段で、しかも市からリフォーム補助もありました。そういう場所が、日本全国、いろんなところにあるんです。

古民家に憧れるし「移住もいいよなぁ」と真剣に思う一方で、山下清さんにシンパシーを感じる私は、放浪まではないのですが、定期的移住にも憧れがあります。「家」にこだわらず、なんだったら「バンライフ」みたいな生活も憧れます。

キャンピングカーではなく、普通のバンを居心地のいい空間に作り上げて生活するんです。

移動しながら各地方で水谷千重子や西尾一男の公演したりして！　最高ですな！

なんにしても、いろいろな可能性を秘めた「新しい生活」を想像すると、時間が経つのを忘れるくらいワクワクして楽しくなるんです。

「第二の故郷は四十六都市あります」って言いたいから。

じゃらん

毎朝、起きたらすぐに、旅の予約サイト「じゃらん」をチェックするのが日課というくらい旅が好きです。「朝じゃらん」です!!

スケジュール帳と交互に見ながら、「この仕事とこの仕事の合間、前から気になってたあの温泉地に行けそうやなぁ」と見ているだけで、テンションが上がって楽しくなってきます。

だから地方のお仕事も大好きですし、宿泊先のホテルも自分で選んで、予約も自分でするることが多いんです。

先方さんにお任せすると、その町に昔からある外資系のホテルで、今もそれなりの料金の高級なホテルを予約してくれることが多いんです。いわゆる老舗《しにせ》、高級ホテルです。ありがたいんですが、館内が薄暗くて設備もちょっと古いような……。いいホテルに泊まっていただきたいという気持ちは嬉しいのですが、私が好きなのは、安いけどキレイで清潔で明るくて、設備がそれなりに整っているようなホテルなんですよね。

たとえば「ドーミーイン」や「スーパーホテル」。

どちらも温泉がついているビジネスホテルですが、新しいから館内の空気がいい！

しかも、安いんだけど、サービスや心遣いはちゃんとしている印象です。

忘れられないのは京都のドーミーイン「天然温泉 蓮花の湯 御宿 野乃京都七条」です。

ホテルマンの方が、ゴロゴロ（スーツケース）のローラー部分を拭いて、荷物置き場に運んでくれました。これ、お高いホテルでも、意外とやってくれない！

部屋の中央まで転がしてくる人が多いなか、ちょっと感動したのを覚えています。

そういう宿を見つけるのが好きで、日課の「朝じゃらん」を続けているところもあります。

いい宿を見つけたら、それをみんなに言いたい！ とことん、自分の感覚でリサーチして、いいと思ったものをみんなに知らせたい、知ってほしい！ という性分なんですね。

じゃらんじゃらん言ってると、「じゃらん」のYouTubeチャンネルから声をかけていただいて、今、お仕事をさせてもらっています。繋がるね〜。これからも活用します〜。

食べログ

ライブの打ち上げ会場となるようなお店選びをするときも私は自分で選んで予約をします。

食べログの点数や書き込みも一応はチェックするけど、点数が低くてもいい店は本当にたくさんありますから。

何枚かの投稿された写真を見て、「出汁がきいた料理出してる」「この食材？　むかご？　カブを使った鍋？」など、ちょっとイカした味なんじゃないかと思わせる料理が写っているとチェックしますね。

そうやって自分の勘と足で探し出すのが楽しいわけです。

で、これが、かなりの確率で当たりを引くんですよ！

お店に向かう道中「友近さん、本当に大丈夫ですか？」とスタッフから不安がられても、いざお店に到着して食事をいただくと「友近さんの勘、すごいですね！」と言われた経験は数知れず！　この嗅覚の鋭さは私の自慢です。

千重子の「50周年記念公演」を博多座で開催させていただいたときは、二週間、福岡に滞在しました。

公演先で二週間も滞在したのは初めてのこと。だから、福岡を極力楽しみたい！で、私が「楽しむ」ことといえば、やっぱり「食」！

「三食のうち一食は絶対においしいお店であったかいもの食べよう！」と心に決めてました。でも、夜公演を終えた後ではお店はすぐに閉まってしまいます。

だったら……と「朝食」を充実させることに！

少し早起きして、一人、中洲のリバーサイドをお散歩しながら、おいしそうなお店を物色していく。これがまた楽しい！

キャストやスタッフさんは夜公演が終わったら「疲れた……」と、ホテルに帰って
ゆっくりする人が大半です！

そりゃ、そうですよ、疲れるのが普通！　アタシはちょっと異常！

昼、夜の二公演、しかも毎公演四時間超えのステージを終えた後でもなぜか元気！
アドレナリンが出まくってるんでしょうか……。皆さんから「めちゃめちゃタフや
ね」と言われます。

その元気の源は、やっぱり「食べること」への情熱かもしれません。

食べログ食べログ言うてても、食べログのお仕事はさせてもらっていません。すべ
てが仕事に繋がるわけではない！（ちょっといやみ入ってました。すんません）

窓側

飛行機も新幹線も、窓側が好きです。

特に飛行機は、窓側がいい！　プレミアムシートのような、いい席を取ってもらうこともあるんですが、プレミアムシートの通路側なら断然エコノミーの窓側がいいのです！


なぜなら、飛行具合を目で見てチェックしたいから！　常に状況を把握しておきたいんです。少々揺れても、窓の外の景色が安定していれば「ＯＫ」「大丈夫！」と安心できる。揺れると、「あっ、雲の中やからね！」と言い聞かす。

旅は好きだけど、どうも飛行機の揺れには慣れなくて怖いんです。

ただ、最近は揺れても、なんか平気になってきました。空を飛ぶってやっぱり素敵だから！（なんじゃそれ！）

あと、窓側は奥、上座っていう感じがしませんか？

自分が窓側にこだわりがあるせいか、ついつい周りの座席も誰がどの席に座るのかチェックしてしまいます。


新幹線内のカップルの場合、意外と多いのは、男性の方が窓側、そして女性が通路側というパターン。

女性側が「トイレが近くて通路側の方が都合いいから、あんた奥に座って」というようなやりとりを経てそうなってるなら全然いいんだけど、どうも、そういう感じでもなくて、「自分（男性）が通路側なわけがない、オレが窓側に座るのは当たり前」という思考回路で窓側に座っている様子が見えると「うわ〜……」と思っちゃう。

まあ、これはあくまで窓側が好きな人目線の意見です。


家族連れだと、お父さん、お母さん、お子さんの座る場所でどういう家族なのか、なんとなく見えますよね。

座席取りは「人」が見える。だから、ついつい観察してしまうんです。

テレビ、時計のない宿は……

旅行に行くと、たまに「日常を忘れて――」というコンセプトの宿に出会います。

「当施設にいる間は時間を忘れ、ゆっくり過ごしていただきたい。そのためにお部屋には時計を置いていません」

「なるほど！　……いや、待って、時計は絶対にいるよ！」

と、いつも思っちゃう。

だって、夕方のご飯の時間、明日の朝食の時間、どうやって調べるの？　友だち数人で何部屋か借りていたら、どうやって時間を合わせるの？

そもそも、今どき携帯を持ってない人の方が少ないんだから、時間はみんな携帯で確認します。ということはやっぱり時間はおのずと気にしないといけないんですよ。だったら最初から時計は置いててほしい！　そっちの方が親切かなと……。

「日常を忘れるため」という名目の宿は、テレビがないのも定番ですが、これもなぁ。確かに時計よりは見ないですけどね。

ただアタシ、ローカル番組が好きだから、そこはテレビでチェックしたいんだよな～！　旅行に行ったときは、それを見るのが私の大きな楽しみなんです！

テレビがないと、ローカルから全国区に這《は》いあがろうとしているガッツのあるアナウンサーを見ることができない！

食リポをしながら「あ～、日本酒飲みたい～」というセリフで盛り上げる酒豪自慢の女子アナや、店頭で珍味を食し、「ちょっとごはんもらっていいですか～」とおなじみの食いしん坊フレーズを言う学ぶべき女子アナたちを、ブツブツ言いながら観察することができないから。

だから、時計とテレビは置いていただけるようお願いします！

思わず言っちゃう気づいちゃう

ダンサー・イン・ザ・ダーク

「あ、そこ段差があるから気をつけてください！」

ちょっとした段差があるとき、こんな言葉を言われたこと、もしくは自分自身が言ったことはないですか？

そのとき必ず頭をよぎる言葉がありませんか？　ありますよね？　私はあります。

「ダンサー・イン・ザ・ダーク」

そういうことです。（「ヒルナンデス！」がいつも使ってくれるフレーズ）。

あゆでーす

たとえばロケ番組で、新緑が眩《まぶ》しい山あいの茶屋に行ったとき、あるいは有名な料亭などに伺ったとき、鮎料理が出てきたとします。

お店の方が器を運んできて、「鮎の塩焼きです」と紹介してくれたとき、反射神経的に言ってしまう言葉はありませんか？

ありますよね？


「あゆでーす！」


そういうことです。

もちろん笑かそうなんて気は一ミリもないですよ！〝クセ〟ですから。

続けて「アリーナー！」も言っちゃいますわ。クセですから（笑）。

三井住友銀行と京阪電車

似ている色が気になります。

三井住友銀行の通帳の色と京阪電車のラッピングの色は、一緒！　この二つの共通点は、フカミドリとキミドリの色合わせ。

ある日、それと同じ色合わせを見つけました！

「ミヤネ屋」で中継を繋いだときの、生のワイプの色枠もフカミドリとキミドリでした！

あ〜見つけるの楽しっ!!

五島列島

五島列島という響きが好き。なぜかネタでも使ってしまうワードです。
私は芸能人の出身地を当てることが好きなので、「五島列島出身の代表的なタレントさんは？」とかクイズを出しちゃいます！

正解は……川口春奈さんと福岡KBC九州朝日放送の近藤鉄太郎アナウンサー。

近藤鉄太郎？　誰や、知らんがな!!　いや、福岡では有名人よ!!
(アタシが愛媛でレポーターやってたときのメインアナウンサーでした)

パキッとジューシー

パキッとジューシーは、伊藤ハムのウィンナーのキャッチコピー。シズル感溢《あふ》れる好きなフレーズです。

ちなみに、シルベスター・スタローンが出演して、最後に日本語で言うキャッチフレーズは何でしょう？

正解は……「伊藤ハム、イズ、おいしい」！

皆さん!!　私からクイズがたびたび出るから、気をつけて！

大川栄策さん

Q「大川栄策さんといえば？」

A「たんすを担ぐ人！　あと、エロいドッキリによく引っかかる人！」
大川さんの目線がおねえちゃんのオッパイの谷間に……（ピピピピピピ）。

千昌夫さん

Q「千昌夫さんといえば？」
A「歌番組で肩にインコを乗せている！」
びっくりしました！

ありおりはべりいまそかり

「おりおりはべりいまそかり、ありもりなりみいまさかり（有森也実、今盛り）」

そんな言葉遊びができるから好きな言葉です。有森さん、お名前を勝手にお借りしました。

元気印

元気印、赤丸急上昇ってフレーズ、絶妙に古くて、絶妙にダサくて、絶妙にかわいらしい、いい感じで引っかかりがある言葉だと思う。

水谷千重子とか西尾一男はわりとよく使いますね。

瞬間湯沸かし器、妨害電波、百貫デブ

「最近、聞かないな」というういじりの言葉として、私がよく使う言葉です。

瞬間湯沸かし器＝すぐ怒る人。
妨害電波＝うるさい人。

百貫デブは……コンプライアンス的にこの言葉も使いづらくなっている。

艶っぽい人

なんだかんだで著名人で一番艶っぽいのは芸能レポーターの駒井千佳子さんやなぁ！

わかるやろ!? もう色気がダダ漏れなのよ、メガネをかけたら余計に!!

あっ、あと、黄桜の河童女ね！

色っぺ〜我らのセックスシンボル!!

提供：KOZO クリエイターズ、黄桜株式会社

月9

「月9、最初の作品は？」

(友だちとお互いにクイズを出し合うような場面で、私が必ず出す問題です。そんな場面、みんなはある!?)

正解は……そう、「アナウンサーぷっつん物語」。「ぷっつん」という言葉の響きも懐かしいよね～。ヒロインは岸本加世子さん、相手役は神田正輝さんでした。

時代はバブルまっさかりの一九八七年。テレビ業界や芸能界の内幕を描く〝業界ドラマ〟シリーズの第一弾で、当時フジテレビのアナウンス部長だった露木茂さんとか、本物のフジテレビのアナウンサーさんたちやたくさんのタレントさんたちが本人役で出演したり、なんかお祭り騒ぎみたいな賑やかさがあったのをよく覚えています。

まさに八〇年代のフジテレビがスローガンとして掲げていた「楽しくなければテレビじゃない」を地で行く感じだった。

ちなみに〝業界ドラマ〟シリーズには、トシちゃん（田原俊彦さん）の「ラジオびんびん物語」もありましたね。

これが好評で「教師びんびん物語」という大ヒットドラマも誕生し、「びんびんシリーズ」につながるわけですね。「榎本〜！」はよく真似したなぁ。続けて、「めしくったか〜」もね!!

大ヒットで一世を風靡《ふうび》したドラマといえば、「かーんち！」でおなじみの「東京ラブストーリー」は、私が高校三年生の終わりに放送された月9ドラマでした。

織田裕二さん演じるカンチ（永尾完治）は愛媛県出身。

鈴木保奈美さん演じる赤名リカがカンチの故郷を巡り、別れの手紙を投函した愛媛県大洲《おおず》市にあるポスト、二人がすれ違ってリカがハンカチを結んで去った松山市の梅《ばい》津寺《しんじ》駅……。プライベートでも仕事でも何回も行ったなあ。

作品内で巡った愛媛ロケでは、重要なシーンがたくさんあって、いろんなところが「名所」になってるんです。本当に今でも大好きなドラマ。

まあ、私の月9の知識は、ほぼそこで止まってるんですけどね！

「ラブ・ストーリーは突然に」は、イントロクイズで誰よりも先に答えられる自信あり！

フワフワ浮いたピン球をいち早くとりたい！　昔の「クイズドレミファドン！」（チョーいにしえー）。

ハープの音色

「鬼龍院花子の生涯」など五社英雄監督作品をはじめ、昔の時代劇、昔の二時間ドラマなどでは、不思議とよくハープを使った音楽が流れていた気がします。

人間の本質が垣間見《かいまみ》えるようなハードなシーンも、ロマンチックな純愛シーンも、土曜ワイド劇場特有のエロティックな回想シーンにも使われていた、あのなんともいえない音色……。どうにも気になってしまうんです。

何かが揺さぶられます。最初にハープをそういうシーンに使おうと思った人、すごいな。

ウィロー

昔から洋画はテレビでよく観てましたね。

中学生くらいのころかな。テレビで何度も繰り返し流れていた映画「ウィロー」のCMが、やたら発音よく「ウェロー」（ウィローなのにウェローって聞こえるんです）と言われていたのが面白くて、それをものまねして遊んでいたんです。

それだけCMを流している話題作だったので、映画として「ウィロー」を知ってる人はたくさんいると思うけど。

私と同じように「ウェロー」に引っかかっていた人はどれくらいいたのかな。特にその当時、確認しなかったのかな。しかし、大人になって同じことを言っている人を見つけたんですよ。

それが、ロバートの秋山竜次さんです。当時、北九州の小学生だった秋山さんもウェローって真似していたんだとか。

結局、どこに住んででも年齢が違っても、感覚が合う人って、同じものに反応するんやな、と思った。

あと、二人とも先ほど書いたバラのトゲを鼻のてっぺんにつけて「サイ！」の遊びもしてました。

ともかく「ウェロー」が「わかる！」「私もやってた！」という人は、きっと同じものが気になっちゃう、感覚が合う人かなと。学生時代に会っていたら、友だちになってたやろなぁ。

喫茶店兼服屋

喫茶店兼服屋を見ると、服に食べ物の匂いが移ってしまわないのかな？　とか考えちゃう！

うちの母も「ピエロ」っていう服屋やってたなぁ。後に喫茶店もやって……同時にはしてなかったけど。

「ピエロ」の隣にあった「スナック長尾」のママ、声低かったなぁ。ハスキーだったなぁ。八割方、みんなママはハスキーですね……。そんなことを中学のころから思ってたなぁ。

「スナック長尾」では、鉄板ナポリタンをよく食べてたなぁ。上には目玉焼きが乗っかってた！　おいしかったー。

今は「ピエロ」も「スナック長尾」もありません。

でも、その横の「ナカノヘアーサロン」はまだあります！　しかも、店主の中野は小学校のときの同級生の男子！（元気かな?!）

くち三味線のイントロクイズ

車に乗っているとき、私がよくする遊びがイントロクイズです。

イントロクイズといっても、本物の曲を流すわけじゃなくて、口でイントロを言います。それを「くち三味線」と言うんですが、アタシ、その問題を出すのが好きなんですね〜。


たとえば……よく出題するのはこの曲かな。

車のクラクション「プップー」から始まる曲。

わかりますか？　正解は「CHA-CHA-CHA」。こんなやつ。

次によく口ずさむのは、

「おじーちゃん」（子どもの声で）。

はい！　正解は大泉逸郎さんの「孫」！

歌に入る前に、本物の幼いお孫さんの声が入るんですよね。知ってる人からしたらサービス問題です。知らない人からしたら、何度やっても無駄です！

次はこの曲。

音が鳴る前に「スー……（力強く息を吸う音）」。

あてはまる曲はいくつかあるんですけど、代表的なのは……そう、正解は平原綾香さんの「Jupiter」！　体幹をしっかりさせて歌いますからね。

あと「トゥクトゥン↑」は？　これはわかるね。先ほど話に出ました！

そうそう、小田和正さんの「ラブ・ストーリーは突然に」です！

あ〜、楽し！　これ、ずっとこんなことやってます！　ぜひ皆さんもやってみて。

ペンコス

棒状のものを見るとすぐ口に持っていき、一服してしまうクセがあります！
一番多いのがペンコスかな!?
ペンを吸う、ペンコス！
新幹線車内でも吸えるからオススメです。バカ言ってる！

スピーク・ラーク

ザ・八〇年代のＣＭシリーズで、なんだか耳に残るこのフレーズが好きです。

ロジャー・ムーアとか、ハリウッドスターが登場したフィリップ モリス社のタバコ「ラーク」のCMのキャッチフレーズですね。

最後に「スピーク・ラーク」という決めゼリフ！

これも真似したなぁ。発音よくね！

さっきのペンをタバコに見立てる「ペンコス」をやるときもつい言ってしまいます。

フォービューティフルヒューマンライフ

英語とか、フランス語のコマーシャルもよく真似したなぁ。
カネボウの「フォービューティフルヒューマンライフ」、
セシールの「セシール、シノンセコンシノンセコンセソナムン！」のあれ！

やったでしょ!?

これはやってないとは言わさないですよ！

コピーはミタ

阿川泰子さんの歌うジャズ、そして巨大なビルが次々と崩れ落ちるショッキングな映像、覚えてますか？

「明日は変わるでしょうか　コピーは変わるでしょうか」というナレーションの後「コピーはミタ」と続く、印象的なＣＭのフレーズです。

男性の声でものまねよくしたなぁ……。ゆっくりはっきり言うのよ！

空から車が落ちてきたり、いきなり戦車が出てきたり、列をなして歩く兵隊さんを横で阿川さんが見ていたりと、実に意味深。八〇年代ってそういう魅力のあるＣＭが多かったなあ……。

愛媛のミポリン

「愛媛のミポリン」と誰が言ったわけでもなく、自分で言ってるだけですが、やたらと「愛媛の○○」と言いたがる自覚があります。

「ミポリン」といえば、言うまでもありませんが、中山美穂さんの愛称ですね。

ドラマ「毎度おさわがせします」で中山美穂さんが演じた森のどかのセリフ、

「よっ！　オレの部屋でレコードでも聴かないか？」

は、人生で何回ものまねしてきたか！

のどかは「性」に興味津々のお年頃。ベランダづたいに

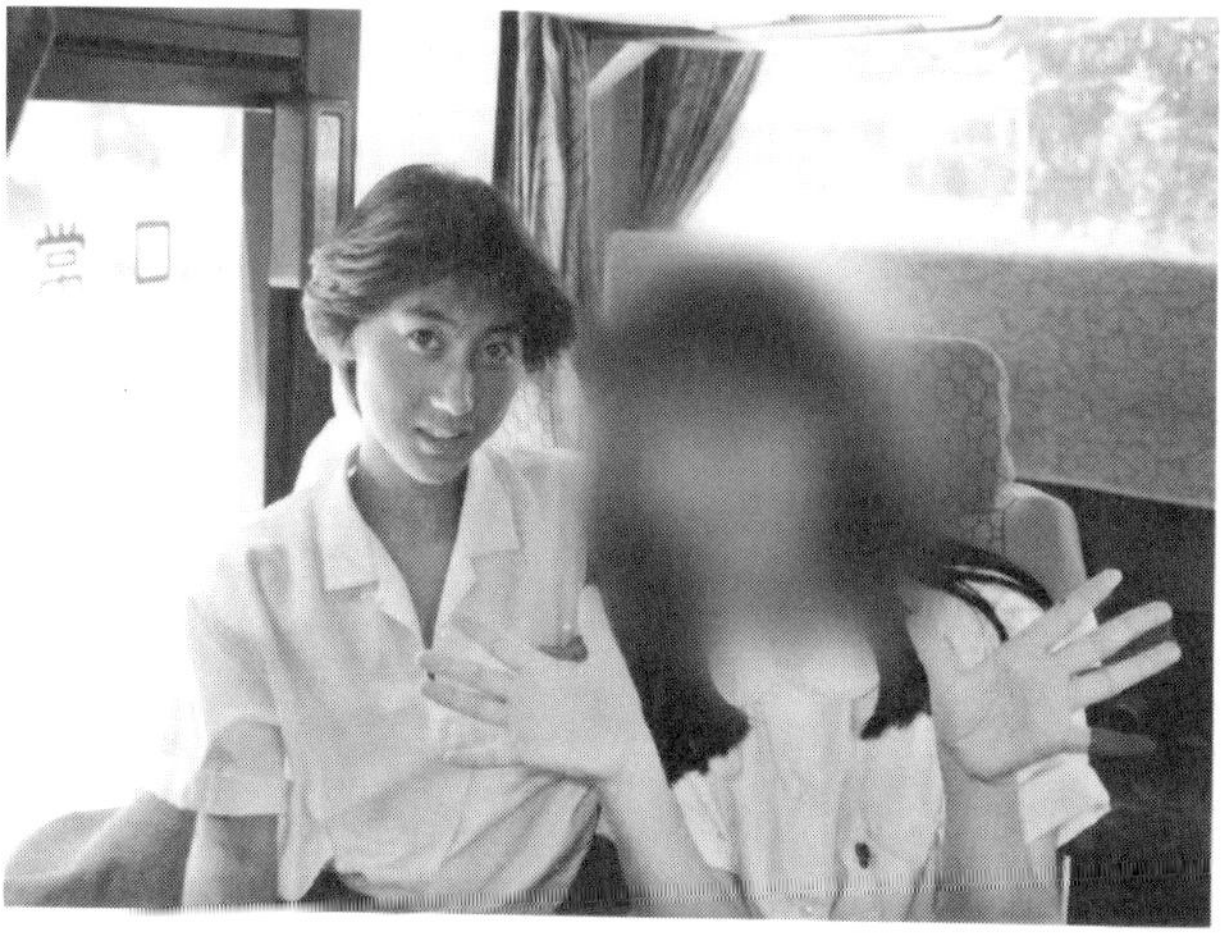

思わず言っちゃう気づいちゃう

隣家の幼馴染み、大沢徹（木村一八さん）の部屋に忍び込む……。これを見てドキドキしましたね。

当時のミポリンは健康的な小麦色肌、アーモンド型の大きな目と、サイドに流した髪が印象的でした。

十代の私はテニス部で、日焼けしていて、痩《や》せていたから目が目立っていました。髪の毛もサイドに流してましたからね！　そりゃ誰が見ても愛媛のミポリンだったわ（笑）。

愛媛のナブラチロワ

言うまでもありませんが、元テニスプレイヤーのマルチナ・ナブラチロワさんです。ウィンブルドン選手権の大会史上最多優勝記録を保持するなど、数々の記録を樹立した女子テニス界のレジェンド。

私も高校生時代からテニスをやっていました。ふくらはぎの発達した筋肉、髪質や日焼けした肌の感じもよく似ていて、「愛媛のナブラチロワ」と呼んでいたものです……自分で。また自分で、かーい！　まぁそんなものです。

ちなみに、布施明さんとナブラチロワさんは似てますね。あと阿佐ヶ谷姉妹のお姉さん、江里子さんも。

まじめなえひめ研究所

これは県のプロジェクトなんです。

私が「まじめなえひめ研究所」の編集長となり、愛媛のあらゆる素敵なもの、おいしいものや、楽しい場所、あまり知られてないけど他県の方にも知ってほしい情報をYouTubeやフリーペーパーで発信しています。

愛媛はなぜだかホントにまじめな方が多い。ちなみに世界中の小規模空港の中で出発の遅れが少ないと評価が高いのが松山空港。あ

と自転車のヘルメット着用率も日本で一位。だから面白い！

まじめが根底にあるからこそバカができる。まじめだからこそ面白い。そういうことってありますよね？　わかるでしょ？　それです！　愛媛をしくよろ〜！

名球会入りやな！

私がグルメロケで最初から言おうと決めている言葉であり、野球もろくに知らない私が背伸びして言う感想……それがこのワード「名球会入りやな！」です。

「うわ〜、この焼きカレー絶品やなぁ〜。これが野球やってたらマジで名球会入りやなぁ〜」

「これが野球やってたら」って！　雑！　まぁ、こんなことも言いますわ。

そしてほとんどカットされます。トホホ。

だから生放送でぶっこむ!!

「あ～、ごめんなさい！」

食レポでいえば、まず食材に謝るパターンは安定で使われます。おいしそうなまだ生きたカニが出てきたら「あ～、カニさんごめんなさい！」もうええって！　そういうもんなんだから。食べなさい!!

でもそれは使われるんですよ。品のある子やと思われるから。女子アナウンサーさんとかよく言うもんね～。

断面

情報番組でケーキの断面が出てきたとしましょう。

我々タレントは、感想コメントを必死で言い争います（笑）。

「わー、キレイ！」

「わー、おいしそう」

「関東ローム層みたい！」


しかし、正解はそうじゃない。正解はこうです。


「えー、断面そうなってんだ！」

です。


まずは視聴者においしさよりも断面を見せたいので、素直に、ごくごく当たり前のことをハッキリ大きな声で言うのが一番使われます（それが案外難しい）。

それっていろんな場面でもあてはまることかもしれない。ひねりすぎず、気負わず素直に、とイタズラに笑う友近でした。

ワイプ

テレビ番組では、画面の四隅のどこかにちっさな枠があり、出演者のリアクションを撮り切っているワイプっていうものが大活躍しています。

タレントもそのワイプに多く顔を映してもらいたいから、いいリアクションを心掛けます。昔は魂を売ってるみたいでワイプで口角を上げることが苦手でしたが、最近は合戦になってきたのでワイプも楽しんでます。

言っときますが、ホントにVTRに見入ってしまい、自分がいつワイプに映ってるかわからないときも多々あります！

ちゃんとVTRを見ているとき！　そんときの顔ったらないですよ。テレビ用の顔してませんから！　ただ、それがホントの感情なんですよね。

決して興味がないわけじゃありません……。「困ったやつだなぁ」とVTRに登場している人に対しては思ってる顔です。
とにかくワイプには注目ですね。演者も視聴者さんも！

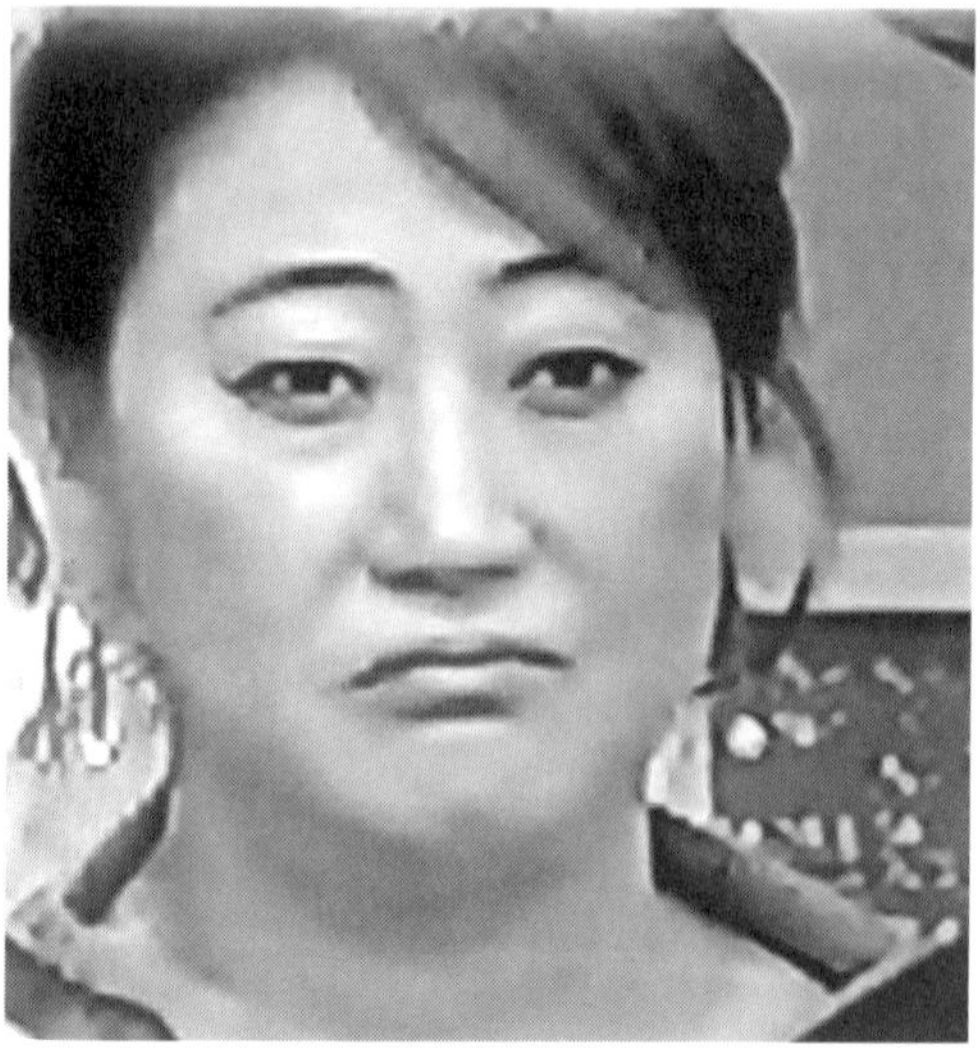

とにかく好き!

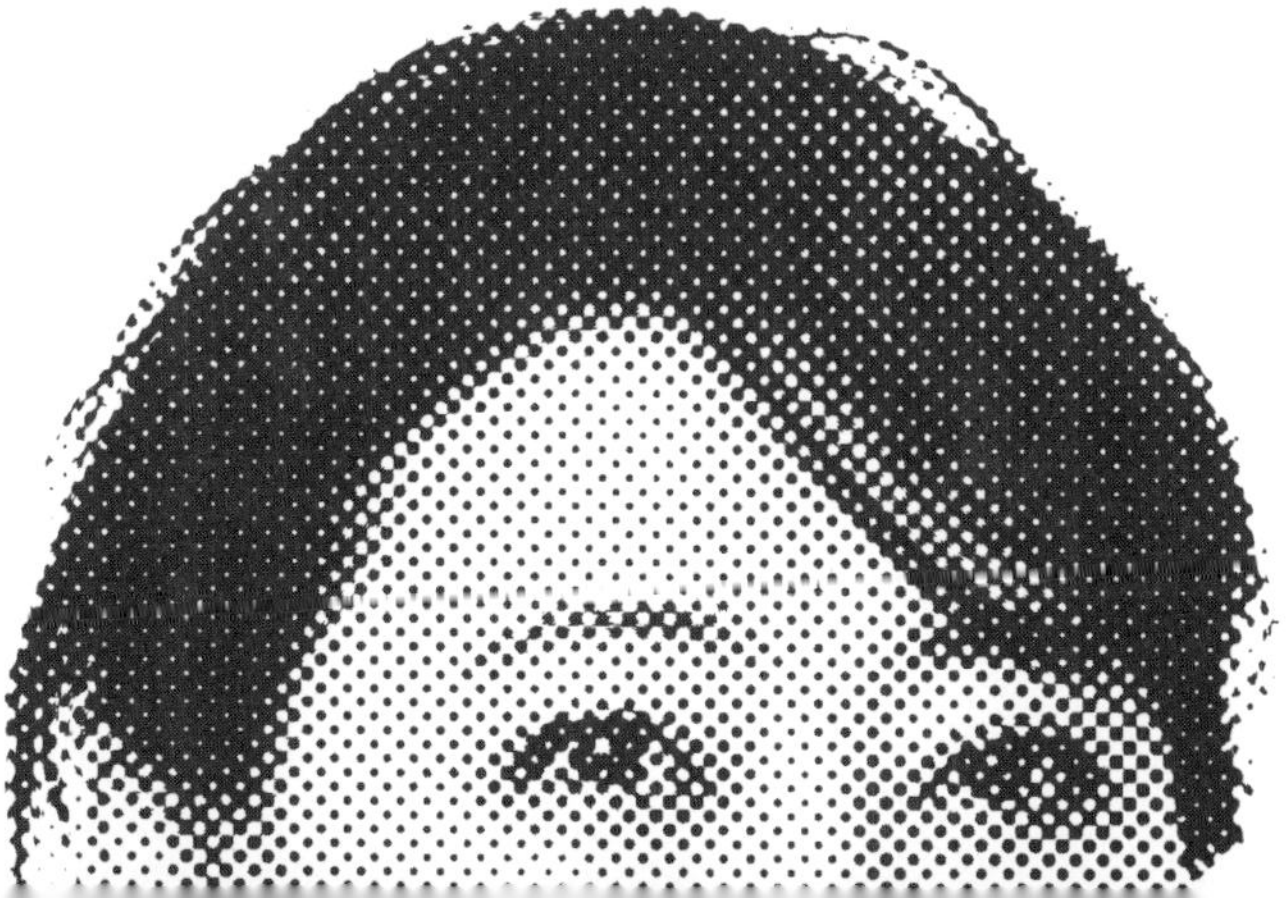

五社英雄

五社英雄監督の映画の世界観が大好きです。

もうことあるごとに、五社五社言うてます。周りから「ゴシャゴシャ言っててんじゃねーよ」と言われそうです。

自分の単独ライブのオープニングで、「吉原炎上」のメインテーマに合わせて、艶やかな花魁《おいらん》の衣装に高下駄を履いて、延々とステージを練り歩く「花魁道中」をやったこともあるくらい。

ステージの中央に行くまで十五分かけましたから。皆様、よく我慢して観てくださいましたよ。感謝（笑）。


うちの祖母は道後の温泉街で働いていたんですが、歴史ある温泉地である道後には、昔の遊郭の建物がそのまま残っていたり、信じられないくらい民家と「大人の入浴場」が近くに立っていて、常に客引きのおばちゃん、「立ちんぼ」がいました。

そういう光景が、子ども心に「引っかかり」としてあった上に、当時はテレビで「吉原炎上」「鬼龍院花子の生涯」「陽暉楼」など、人気の五社作品を何度も放映していたのもあって、自然と五社監督が描く世界に興味を持つようになったんだと思うなぁ。

親の借金のかたに女衒《ぜげん》に売られ、花街にやってくる過酷な運命を背負った女性たちの人生を「自分やったらどうするんやろ？　どうなるんやろ？」と固唾《かたず》をのんで観てたなぁ……。ませてたなぁ。

「鬼龍院花子の生涯」「陽暉楼」「櫂」は高知出身の作家である宮尾登美子さん原作の、

高知を舞台にした「高知三部作」です。そして「薄化粧」は愛媛の別子《べっし》銅山の社宅で本当に起きた殺人事件をもとに描かれるお話です。

時代も違う遠い世界なんだけど、やっぱり、どこか近い感じもしたんですよね。

そうそう、五社監督ファンを公言し続けてたら、置屋《おきや》の女将の役で映画のオファーをいただいたんです。

まさに遊郭を舞台にした2014年公開の「花宵道中」という映画です。名ゼリフもいただきましたよ！

遊女たちを前に一言。

「股開かざるもの食うべからず」

最高のセリフでしょ！　宝ですよ。

よく六歳の姪っ子が真似してたなぁ。友だちなくすよ〜。バカ言ってる！

江戸川乱歩

子どものころから、子どもが観てはいけない大人のドラマを観るのが好きでした。なかでも取り分けて大好きで、大きな影響を受けたのが「土曜ワイド劇場」です。

「二時間ドラマ」「二時間サスペンス」は、全盛期は民放各局で制作されていたし、時代、時代に、いろいろなシリーズがありました。

そんな一大勢力を誇った二時間ドラマ枠のなかでも、老舗中の老舗といえば、テレビ朝日の「土曜ワイド劇場」、通称〝土ワイ〟と、日本テレビの「火曜サスペンス劇場」、通称〝火サス〟でした。

「火曜サスペンス劇場」は主題歌である岩崎宏美さんの「聖母たちのララバイ」「家

路」など、大ヒットソングが流れるなかで、エンドロールが上がっていくメジャー感がありましたね。

それに比べて「土曜ワイド劇場」は画面も暗く、圧倒的に淫靡《いんび》な作品が多かった。でも、私はそういうところに惹かれてしまうわけで、「土曜ワイド劇場」派となったわけです。

この派閥意識はいまだに強く、「二時間サスペンスみたいやね」とたとえるとき、「♪ちゃちゃちゃちゃちゃちゃちゃちゃちゃちゃちゃちゃーらー」と「火曜サスペンス劇場」のテーマを口ずさむ人がいると、「あ、そっちか」と、と思っちゃいます（火サスも好きですよ!!）。もちろん、心の中だけで口にはしませんが、そこは厳しくやらせてもらってます！

それくらい「土曜ワイド劇場」への思い入れが激しい私が、特に惹かれたのが「江戸川乱歩の美女シリーズ」でした。

天知茂さん演じる眉間にシワの明智小五郎に、小川真由美さんの妖艶な黒蜥蜴。豪華な調度品があしらわれた洋館の中で、三ツ矢歌子さん、叶和貴子さん、夏樹陽子さんといった絶世の美女たちがおどろおどろしい猟奇殺人事件に巻き込まれていくあの世界観！

本当に見てはいけないものを覗き見るような背徳感で、ドキドキワクワクしながら観ていたものです。

そんな「美女シリーズ」への憧れと、昭和の「土曜ワイド劇場」への愛とオマージュをあますところなく注ぎ込んだコントライブツアーを開催したこともありました。

タイトルは、「友近ワイド劇場　黒蛙の美女」。

黒蜥蜴ならぬ、黒蛙に扮するのはもちろん私。セットや小道具、登場人物の造形や衣装に加え、セリフの言い回しや、事件のトリックまでも徹底的に、昭和の「土曜ワイド劇場」風にこだわりました。

それをバッファロー吾郎Aさん、ずんの飯尾和樹さん、ロバートの秋山さん、ハリセンボンの近藤春菜ちゃん、シソンヌのじろうくん、渡辺直美ちゃん、ゆりやんレトリィバァちゃんという芸達者なメンバーがまじめにふざけて見事に演じ抜いてくれました！　観ているお客さんもその世代の方は共感してくれるし、一体感というか仲間感の強いライブでした!!

ツアーは全国六カ所七公演、一万人以上のお客さんに来ていただき、のちにYouTubeチャンネルで公開すると、合計で四百万回以上も再生。

それだけ多くの人が、共感して笑ってくれている。そう思うと、本当に元気が湧いてきます。

ちなみに、江戸川乱歩好きを公言していたら、名古屋で続く伝統芸能、西川流四世家元の西川千雅《かずまさ》さんにお声をかけていただき、「名古屋をどりＮＥＯ傾奇者」にゲスト出演させていただくことにもなりました。

名古屋をどりは、終戦直後から名古屋宝塚劇場、中日劇場、御園座など、名古屋の中心地で会場を移しながら公演を続けている伝統の舞台。

私が出演するのは和楽器の生演奏とオーケストラによる音楽が奏でられる和風ミュージカルのような舞踊劇で、「女の恨み」をテーマに、明智探偵や小林少年などが出てくるミステリー作品です。

歌も踊りもちゃんと習ったことはないけど、それっぽいことをやって「友近がまた何かやってるわ」で楽しんでもらうのが、アタシのやっている芸！

「土曜ワイド劇場」が好きだったおかげで、また一つ、素晴らしい経験をさせていただきました。

イントロがピアノから始まる曲

好きな曲を思い浮かべてたら、曲のイントロがピアノから始まる曲が多いことに気づきました。特に、激しく始まるピアノがなんかいいんですよね。

柳ジョージさんの「雨に泣いてる」。沢田研二さんの「カサブランカ・ダンディ」を、ネタの出囃子にしております。あとは、Chicago「Saturday in the park」。かっこいいんですよね。

ピアノから始まる曲調で激しくはないけど、小林明子さん「恋に落ちて」とか、ある意味内容が激しいですが、谷村新司さんと小川知子さんの「忘れていいの」。

あの歌は、子ども心にドキドキしましたよ。谷村さんの手が小川知子さんの胸元にそっと入る演出を見たときは！　後に、ぐっさん（山口智充さん）や数原龍友くんともデュエットしましたね。もちろん、胸元に手は入っていませんけどね。

来宮良子、芥川隆行

大映ドラマのナレーションといえばこのお二人。
この声を聴くだけで、リアル感とおどろおどろしさが増してきます。

「古代ローマの神、ヤヌスは、物事の内と外を同時に見ることができたという。この物語はヤヌスにもう一つの心を覗かれてしまった少女の壮大なロマンである。もしあなたに、もう一つの顔があったら――」

来宮さんの「ヤヌスの鏡」のオープニングのナレーションですね。
子どものころから繰り返し真似してるうちにすっかり覚えて、ヒール講談など、いろんなネタに組み込んで披露させていただいています。

芥川さんの声も最高です。

「春の暴風雨《あらし》のその夜中、二人の嬰児《みどりご》生まれたり。同じ海辺のその里に、一人は広き別荘に、一人は狭き賤《しず》が家《や》に」

そして麻倉未稀さんの「RUNAWAY」が始まります！　ゾクゾク～。

ミナミの帝王

Vシネマというジャンルを、「ミナミの帝王」で知ったかな？　愛媛にいるころからハマって、しょっちゅうレンタルビデオ店で借りて観ていた作品が「難波金融伝ミナミの帝王」シリーズでした。

主人公は、大阪・ミナミでトイチ（十日で一割）の高利貸し業、「萬田金融」を営む萬田銀次郎。貸した金は十円でも絶対に回収する、ついたあだ名は〝ミナミの鬼〟。これが実に魅力的な男なんですよ。

物語の構成は、だいたい毎回こんな感じです。

①銀次郎の債務者が逃亡。

②しかし、実はその債務者も悪党に騙《だま》されていたことを知り、法律や金融知識を駆使して悪党を追い詰め、大金を奪い返す。

③その金で債務者の借金をチャラにして、人生をやり直させる。

つまり、〝ミナミの鬼〟でありつつ、困った人を助けるダークヒーローでもあるわけです！

そんな銀次郎を竹内力さんが演じるんですが、表情からセリフ回しからもう漫画から飛び出したようなリアル感！　実写版のはずなのに漫画よりも漫画！　いかつくて面白いんです。

毎回、最初の五分くらいは本編と関係ない、銀次郎と債務者とのやりとりがあるんですが、この債務者役でよく出てたのが吉本芸人たち。バッファロー吾郎Aさんも出てたな〜。

「萬田はん、あんたは鬼や……！」
「借りたゼニを返せへんやつのほうがよっぽど悪人でっせ」
「夜逃げゆうんは、まだまだ余裕があるやつがするこっちゃ」

言いたくなるセリフたくさんあるでしょ！

「水は高いところから低いところへと流れるが借金の金利だけは、低いところから高いところへと流れるんやで〜」（アタシの好きな名言）

こんなコテコテの関西弁の方言指導をしていたのが、愛媛県今治市出身の宇野ポテトさんなんですよね。なんで愛媛の人が関西弁の指導してんの!?　というのも好きなポイントです。

他にも、素敵なキャストさんが！

金融知識も豊富で、銀次郎の秘書のようなことも務める探偵役の竹井みどりさんに憧れて、こんなセリフがスッと出てきたらカッコいいなぁと思って、ものまねをするようにもなりました。

「不況が続くなかで銀行は相変わらずの貸し渋り。特に中小企業のつなぎ資金の融資なんて門前払いや。その点、商工ローンは大した審査もせず、簡単に数百万単位で融資してくれる。そりゃ流行るやろ、銀次郎さん」

そう、今も私がよくやるネタです！

愛媛のローカルタレント時代からの持ちネタでしたが、ＮＳＣに入った後、バッフアロー吾郎さんの目にこのモノマネが触れたことで、在学中からバッファローさんが主宰するイベントに呼んでいただけることになり、先輩芸人やお笑い感度の高いお客さん、スタッフさんたちに私のことを知ってもらうきっかけになった。いわば「人生を変えるネタ」となったのがこれでした。

もっと言うと、自分が憧れていた先輩芸人や、そのお客さんたちにウケたことで、自分の感性を信じられる自信もついた。私の「自分がおもろいと思ったことをやる」という芸人としてのスタンスが早々に固まったわけですね。

最初はただ憧れて真似をしていただけなのに……人生はホントにわからない！

大阪に来た当初は、一人「ミナミの帝王」のロケ地巡りもやりました。「あ～、最後のおちゃらけシーン、ここの橋や！」「このビル、見たことある！」と興奮して「大阪来たな～！」と喜んでいたけど、その4年後、シリーズ28作目「ミナミの帝王　恐喝《おどし》のサイト」で、なんと銀次郎たちが訪れるクラブのホステス役で出演させていただきました。さらにフジテレビの「ものまね王座決定戦」では、〝ご本人登場〟で竹井みどりさんと共演もさせていただきました。

自分が面白いと思うこと、やりたいことをやってきて、こうして夢と現実が交わるような出来事が起きるのは本当にありがたいことだと感謝しています。

ただ……竹井みどりさん、川島なお美さん、岩崎ひろみさんが歴代やってきた萬田銀次郎の秘書役、やりたかったなぁ～～～～。

竹内力さんのシリーズが今も続いてたら、絶対、自分で売り込んで営業してたのに～！　あの役に対して私ほど思い入れを持っている人はいないと思う多分。シリーズが再開するときは、何卒よろしくお願いいたします！

観光列車

BS日テレで放送中の「友近・礼二の妄想トレイン」は、鉄道好き、旅好きな方にぴったりな番組です。中川家の礼二さんとMCをさせていただいています。

旅番組といっても実際に旅はせず、旅好きなゲストと妄想で旅のルートを作り上げ、スタッフが撮影してきた映像を見ながら、スタジオで旅を完成させていく斬新なスタイル。

いろんな最新情報を知ることができるし、グルメも妄想で体験していくので、番組の途中で妄想コントが始まったりと、本当に、私にとって「楽しい!」しかない、くだらないことを言ってもそこメインで使ってくれるありがたい番組です。

そんな番組を通して、私がさらに興味を深めたのが観光列車という存在なんですね。

観光列車とは、単なる移動手段としての鉄道車両ではなくて、乗ること自体が旅の目的になるような列車のことをいいます。

見た目も内装も凝りに凝っていて、地域に伝わる伝統や、工芸品を取り入れてデザインされていたり、みんなそれぞれに個性が強くて面白いんです。

さらに車内で食べられるお料理も、旬の特産物を地域の有名シェフが考え抜いて作っていたりして、びっくりするくらいおいしいんですよ！

番組では、ときどき「特別編」としてスタジオを飛び出し、現実の旅をさせてもらう実車トレインがあるんですが、観光列車にもたくさん乗らせていただいて、ワクワク感が止まらないです。

たとえば、新潟県新潟の上越妙高駅と糸魚川駅を結ぶ、えちごトキめき鉄道の「雪月花」は、大きな蟹が詰め込まれたお弁当が最高においしかった。

金沢駅から和倉温泉駅間を走る「花嫁のれん」は、北陸の伝統工芸である輪島塗や加賀友禅をイメージした車両がオシャレで豪華だったな〜。
能登半島の内側の海沿いを走る「のと里山里海」では、およそ一年後に届くという特別郵便で、水谷千重子さんにお手紙を出したのもいい思い出です。つい先日、そのお手紙が届きました。なんかジーンときたなあ。

また、地元JR四国の観光列車「伊予灘ものがたり」には、これまで何度も乗車させてもらっていますが、伊予灘の穏やかな海を眺めて癒される時間もさることながら、観光列車に向かって手を振ってくれる地元の人たちの温かさに涙が出そうになっちゃうんですよね。

さらに、九州を走る豪華列車の多くは（九州に限らずですが）、工業デザイナーの

水戸岡鋭治さんがデザインしてるというのもこの番組で学びました！

旅の「非日常」を味わいつつ、「人の思い」「人の温もり」みたいなものを感じられるのが観光列車の醍醐《だいご》味《み》かな。

たいていは外に向いてのカウンター席が設置されてますから、景色もたっぷり堪能できます。

車窓を通り過ぎる家々もじっくりと眺められる。マンションや集合住宅、一軒家を見ながら、この一つ一つに人々の暮らしがある、人生があるんだよなぁ～と想像すると、なんだかその地域丸ごと愛しくなるんですね。そこも好きなポイント。

ちなみに、紀行番組に出演する女優さんの雰囲気ものまねを延々とやる「涼風凜」というネタがあるんですが、ＪＲ九州の超豪華観光列車「36ぷらす3」に、涼風凜として乗車させていただいたこともありました。

九州七県を五日間かけて周遊するこの列車につけられた「36ぷらす3」という不思

議な名前。こちらも、もちろん水戸岡鋭治さんの作品！

「ミトオカと36のミステリー」と題して（勝手に）、涼風凜が読み解かせていただきました。「ソニック」や「ななつ星in九州」などJR九州の数々の列車を手掛け、鉄道デザインに革命を起こした「ミトオカ」の思いとは……続きは私のYouTube「楽演チャンネル」をご覧ください。最後まで読んだら宣伝かい！（青汁コマーシャルのやり方）

フェリー

フェリーが好きです。

新幹線や飛行機もいいけど、船ってなんか独特の旅のワクワク感があって、すごくいいんですよね。

一人で甲板に出て、夜の海を眺めたり、船独特のディーゼルの匂いを嗅いだり、なんかのドラマを演じてみたり。タイタニックはやらないですよ。あっ、船と氷山もやらないです（笑）。でも、そんな想像を巡らす時間の余裕があるのが船のいいところ。移動の手段というよりは「旅」という気分になれるから。


関西汽船に初めて乗ったのは小学生のころ。

当時、うちの母親は服屋をやっていたので、大阪まで服の仕入れに行っていました。そのとき松山観光港と大阪南港を結ぶ「関西汽船さんふらわあ」を利用していたんです。私は、母にくっついて行って、「大阪」を味わうのが楽しみでした。

夜に出発して、朝に到着するスケジュールです。乗り物で寝泊まりするの好き〜。

フェリーの中には大浴場や大きなゲームセンター、食堂なんかもありました。

食堂はショーケースの中から小皿を一品一品取っていくスタイル。ちょっと食べたらすぐ二千円、三千円いっちゃって、びっくり……。まぁ基本、乗り物の中で飲食するとそれくらいはしますからね！　でも、子どもにとっては高いからご飯は家で済ませてから行ってました！

夜は二等船室で雑魚寝スタイルで寝るか、寝台ベッドに寝るか、そのときによっていろんなパターンがあったけど、どっちにしても枕はキャラメルのような長方形、毛布はゴワッと硬めというのが定番でした。

これは、フェリーに何度か乗ったことのある人は共感して「そうそう！」と盛り上がる話です。

毎回、大阪南港に着くのは朝の五時か六時ごろ。

南港からはバスに乗って、古くからの問屋街、船場に向かいます。

その道中、バスの車内には、いっつも賑やかなラジオが流れていました。ＡＭラジオ独特の温かい笑いに溢れる「おっちゃんたちのおしゃべり」。それを聴きながら、「えーなー。これこれ、関西のおっちゃん！」と目を輝かせていたっけ……。

それから十数年経ち、ＮＳＣに入って大阪に移り住んだ私が、ある朝ラジオをつけたら、あのおもろい「おっちゃんたちのおしゃべり」がまだ続いてたからびっくりしました。

「うわ、あのときのラジオはこれや！」

時を超えて繋がったのはＡＢＣラジオの長寿番組「おはようパーソナリティ道上洋三です」。radiko《ラジコ》なんてない時代、本来なら聴けないはずの大阪の名物ラジオを懐かしいと思えるのも、なんだか嬉しかったりしました。

ちなみに、ＮＳＣに入学して大阪に引っ越すときは松山空港から伊丹空港に向かう飛行機の最終便でした（そこはフェリーじゃないんかい！）。

隣の席の男性が、愛媛のローカルタレントとして活動していた私に気づいて話しかけてくれてました。話しかけてくれてるんですが、私は眼下に広がる大阪の夜景を眺めて「うわ、この大都会で私は明日から勝負するんや……！」と、熱い思いを滾《たぎ》らせていたのを思い出す。

話しかけてくれた方、ちょっと上の空になってしもてごめんなさいね。

改めてありがたいお仕事につかせてもらってます。

そうそう！　船好きということで、実は愛媛・松山から北条沖の鹿島に渡る渡船と、鹿島を一周するクルーズ船の船内アナウンスをやらせてもらってます。

上沼恵美子さんのものまねも交えながらやってます〜。なんだかんだ今に繋がりますね！

純喫茶

外資系のカフェよりも、べっちんの四角いソファーが並ぶ純喫茶がなんか好き！

でも、タバコ臭いのは嫌。
べっちんってなんか言いたいし、指でなぞると字が書けてるし！（好き〜）
「ベルベット」ではなく「べっちん」という響きが好き。
ネタでもよく使うワード、トップ3に入りますよ。

ちくキュー

竹輪の中にきゅうりを入れた、おつまみのようなおかずのような、あれです。

ちくキューって言っていたかはわかりませんが、お弁当によく入ってました！　皆さんはカットしたきゅうりをちくわに入れて食べてませんでした？　私はそうしてきました。

とにかく好き！

ところが、出会ったんです。しっかりしたちくわに、きゅうり丸ごと一本をぶちこんで食べるちくキューに！　最高においしいですよ。

高知にある餃子屋の安兵衛で食べたときに感動しました！感動した！　小泉純一郎さん、ここで、これ食べて最初に「感動した！」って言ったんじゃないかな……。

パクチー

毎日、パクチーで料理したいくらい大好きです。
でも、男の人はなぜか嫌いな人、多いよね？（なんで!?）
薬丸さんも苦手だと、「はなまるマーケット」で言うてたなぁ！

奥道後の源泉かけ流し

実は源泉かけ流しの温泉地は、かなり貴重でそんなに多くないんです。

松山の市街地にある道後温泉と少し離れた山中にある「奥道後壱湯の守」というホテルのお湯は、アルカリ性単純硫黄泉というトロッとした肌触りで、毎分四〇〇リットルという豊富な湯量の源泉かけ流し。ここを知ってからますます温泉好きになりました。

「奥」ってつくのいいですよね。

道後に「奥」がついて、奥道後！　いいなぁ。

座敷に、「奥」がついて、奥座敷！　いいなぁ。

歯に「奥」がついて、奥歯！　いいなぁ……ってならん！

とにかく好き！

硫黄泉

硫黄泉の温泉が好きです。

それも、入浴した後は一週間から二週間、体から匂いが取れないくらい強い泉質の温泉が好き！

これ、オフィスラブしてる人、お互いから硫黄の匂いがするから付き合ってることバレますよ！（ククク）（オフィスラブ〜）

年末

年末というものは、バタバタするけれど不思議な高揚感があって好きなんです。

十二月十日ぐらいからソワソワ、ワクワクが一段階上がり、十九日を過ぎれば、もう出所がよくわからない楽しさと一年が終わる寂しさ、哀愁、郷愁、あらゆる感情が入り乱れて、まったく落ち着かなくなる。
しかも、その合間にたくさんのイベントごとや忘年会が挟まれるので、もうわけがわかりません！　我々の仕事は11月から12月年末にかけてネタ番組が多いので、ネタ作りが大変……。

十一月二十八日あたりに忘年会するのは早いよな～？
なんじゃそれ！

おせち

おせち大好き。
「おせちは栗きんとんが一番好き」って人、めっちゃ多いよね！
私は数の子としっかりしたかまぼことハムが好き。しっかりした、ね（笑）。

おじさん

おじさんはかわいい

おじさんって「かわいらしいなぁ」と思うことがよくあります。

駅前のロータリーなどで、個人タクシーの運転手さんたちが集って、休み時間の小学生男子のように遊んでいる光景って見たことありませんか？

仲良しのおじさんに膝カックンをされたおじさんが「やめろや〜」とちょけている光景を見たことがありますが、ああいうのは本当に微笑《ほほえ》ましい。

実際にしゃべってみないとわからないけど、会話してみたら、めちゃくちゃ面白い人っていますからね！


ハリセンボンの春菜と「徳川徳男・徳子」のコントライブツアーで広島に行ったときのことです。

春菜と一緒にホテルを出てライブ会場までタクシーに乗ろうしたら、ホテルの車寄せに停車しているタクシー運転手のおじさんが、近くにいるホテルマンとしゃべっていたんですが、それが、なんともいえない奇妙なポーズを取りながら会話してるんです。それを見たとき、あっこれは匂うぞ！　この人絶対おもろいぞ！　話しかけてみよ、と……。

その勘は大正解。

「乗っていいですか？」と声をかけたら、その運転手さん、私を見て、いきなりこう言いました。

「おたくはA型かB型かいうたら、B型！」

はいはい、きたきた！

嬉しくなって車中も好奇心丸出しでお話をさせていただくと、目的地である会場近辺に着いた運転手さん、なんと、こう言ったんです。

「そこの会館を作ったのは俺だよ」

「えっ！」


思わず、春菜と顔を見合わせました。

コントライブ本番直前に現れた、まさかの「リアル徳川徳男・徳子」！

あらゆるものを「あれを作ったのは俺だよ」「あたしだよ」と延々と言い合うのが「徳川徳男・徳子」のコントですが、たまたまホテルから出てきた私たちを乗せたこの運転手さんが、そんな事情を知っていて発言したとは思えません。


あまりに興味をひかれた私は、運転手さんの名前を控えました！「ラジオに出演してもらいたい！」と思い、のちに、実際に私がやってるラジオ番組「シン・ラジオ」に電話出演してもらいました！ すごい行動力！

真相を聞かなければと思い、「あの建物作ったのほんとですか？」ってお聞きしたら、実際に建設会社で勤めていたことがわかり、ホンマに作ってたんです！

お話の結末がちゃんとあったんです。私のアンテナに引っかかってラジオに出てもらってよかったです！　こういうことがあるからおじさんは面白い！　ちなみにこの方に「広島に行ったときは指名していいですか？」と言うたら、「出会いは一期一会、どこかで出会ったらね～」と……シビれる～！　でも、なんだかフラれた感じがして切なくなりました。おじさーん！

母体

おじさんが言いそうなワード、「母体」。何かにつけてそういう話をする人が好き。

おじさん

そういうワードが聞こえると、ついつい耳を澄まして聴いてしまうんです。

「ミスタードーナツの母体はダスキンや」

「ユニクロの本社は山口やから」

こんな会話を聞くと「いい会話ですね〜」「いい内容ですね〜」と、その会話に入りたいと思っちゃう。

もちろん、私と同じようにこの手の話に興味があって「母体は○○」「本社は△△」と、会話の中にさりげなく入れ込んでくる人も大好きです。

たいていはおっちゃんなんですけどね。おっちゃんらが大好きなワードですから。

だからどうしてもおじさんに興味を持ってしまいがちなんですけど……。

仲良しの演歌歌手の水森かおりちゃんとお話をしていたときのこと。

私が「今、千葉の幕張のbayfmでラジオをやってるよ」というお話をしたら、かおりちゃん、すかさずこう返してきました。

「あっ、イオンの本社がある幕張ね！」

私がうっかりそれを聞き逃してしまったら、一回目よりもさらに大きな声でかぶせてきました。

「イオンの本社がある千葉の海浜幕張でしょ!?」

かおりちゃんの「そこは絶対に拾って！」という必死さ。

そういうとこ、大好き♡

第三セクター

これもおじさんがいうワード。

第一セクターは地方自治体の事業で、第二セクターは民間企業の事業。第三セクターというのは、第一セクターと第二セクターの共同出資の事業のことをいいます。

「天橋立駅がある北近畿タンゴ鉄道は第三セクターやから。民間の活力を使って公共の事業を営んどるわけや」

おじさんはすぐにこういうことを言いたがるのよ。しかも、ドヤ顔で！　でも、私にはそれがたまらなく面白いしかわいい、愛おしい！

リバーシブル

これもおっさんが好きな言葉の一つですね。

一粒で二度おいしい。そんなお得感、おじさんって好きでは。

私が子どものころは、トレーナーやジャンパー、バッグに至るまで、あらゆるものがリバーシブルを買ってた気がするな。これは親が選ぶからですね。

結局は、どちらか片面しか着ないことの方が多いし、便利なようでそうでもない!?いつの間にか、MA－1とかスカジャンみたいなジャンパーでしか見かけなくなりましたけど、それでもおっちゃんはやっぱり「リバーシブル＝ええもん！」と言い続けます。愛おしい。

ちなみに、状況によって「表面」と「裏面」を使い分けられるリバーシブルは、「商品」ならいいけど、「人間」はいただけませんね。(上手いこと言うた?・笑)

相手によって態度を変える人、発言と行動が伴ってない人、見てないフリして、こちらはしっかり見てますよ!!(友近ポリス)

人間的にリバーシブルな一面がある人だなと思ったら、私はそっと離れます。

西尾一男

地元・愛媛の道後温泉近くでロケをしているときにも、ほのぼのするおじさんに遭遇しました。

旅行中らしき二人組のおじさんが、マスク姿の私を遠巻きに観察しながら、何やら囁《ささや》き合っている。

そんな姿を見たら、私はこちらから「友近です！」と近寄っていくんです。

すると二人は「うわぁ〜！」と後ずさり。

それがまた面白くて、話しかけると「目がよう似とると思った！」「あんたは眼力《めりき》があるけぇ！」と次々に褒めてくれました。

めりき！

めりきなんてあまり言わないワード！　そんなのが聞けるのも楽しいですよね。

こういった長年のおじさん観察の蓄積で生まれたキャラクターが、「段取りします！」でおなじみの、ピザ屋で働く中高年プロアルバイター、西尾一男でした。

主なモデルとなったのは松山にある焼き肉屋「食いしん坊」の大将・ミノルさん。

この方の口グセが「段取りします！」だったんですね。

そしてもう一人のモデルはうちのオトン。

オトンは、急に「マークⅡの馬力がいかにすごいか」、ボンネットを開けて延々と説明しだす人なんです！

「もうええ、知らん知らん」と無表情にあしらいながらも、どこかその状況が面白くて、付き合って聞いてきた情報が、一男ちゃんのキャラクターにそのまんま生きることになりました。

「コントのキャラクター」という存在を超えて、愛してもらえる一男ちゃんは幸せ者だなぁと感謝すると同時に、おじさんの面白さ、かわいらしさがやっと世間に理解されてきたのかなぁと思うと、とっても嬉しくなるこのごろなのです。

「西尾一男とピザを囲む会」

持論

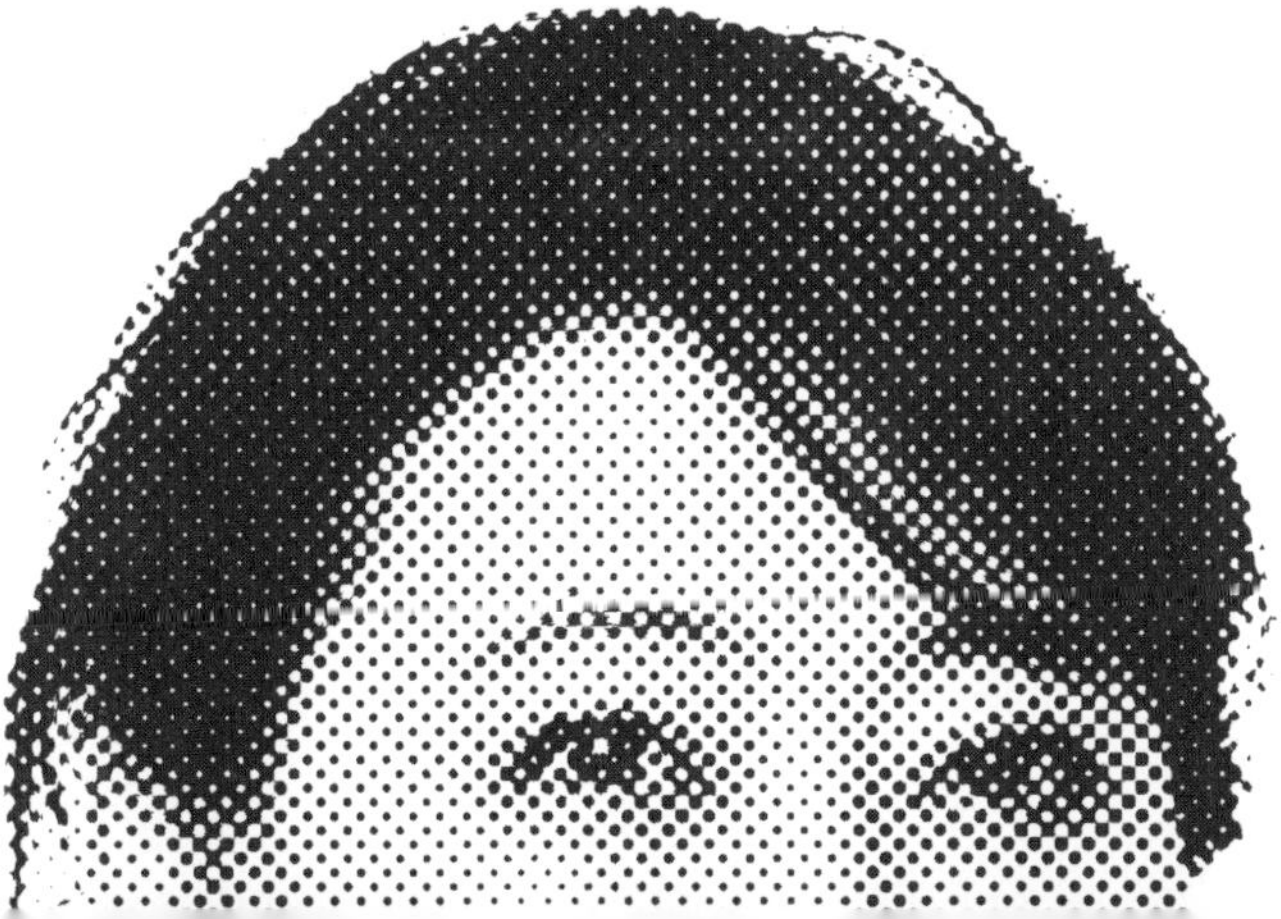

お返し

ロケで街中にお邪魔していると、すれ違う方に友近ってことに気づいていただき、「えっ？　えっ？　えっ？」と、特に修学旅行の学生さんがビックリした感じで驚いて、少し興奮気味になってくれたりします。

そんなとき、こちら側のリアクションって人それぞれなんですが、私はいつも、えっ？返しをします！

修学旅行の学生に対して「えっ？　えっ？　えっ？」と（笑）。

そうそうすると、みんな静かに黙るんです。やばいやつだと思うのかな？

え？返し、なかなか楽しいですよ。

それとは若干種類が違うんですが、相手がそうきたならこっちも！　という展開でいうと、以前、週刊誌記者につけられたことがあるんですが、スーパーで買い物してるときもついてきてたんです。

そんなとき、私はこうします！　生理用ナプキンを大量に買い込むという行動に!!

そうすると、記者さん、どこを見たらいいのか、いけないいものを見てしまったって思ったのかフェードアウトしました。

大胆な行動に出ると意外に相手はいなくなるもんですね！

ちなみに、ナプキンと一緒に魚肉ソーセージも買いました（笑）。そんなことして楽しんでます！

どこと向き合ってるん

「お仕事をする上で大事にしていることは何ですか？」

と、インタビュアーから尋ねられたタレントが、こう答えます。

「スタッフさんが自分に何を求めているか、それを瞬時に見極めて立ち振る舞うようにしています。トークの『裏回し』をすることを求められているんだろうなと思えば円滑に回すように努めますし、呼んでくれたスタッフさんの意図を汲《く》んで役割を考え、スタッフさんの期待を裏切らないように、スタッフさんの段取りに沿って、スタッフさんにまた呼んでもらえるように、スタッフさんの、スタッフさんの、スタッフさんの………」

あーあーあーあ「スタッフさん」はもうええわ!!

……乱暴なツッコミ、失礼しました。

もちろんスタッフを大事にするのは大切。私もそう思いますし、スタッフがいるから成り立つ仕事です。

しかし、表立っての発言にギモンなんです。自分が「スタッフさん」からどう見られてるかを気にしすぎでは？

一番、向き合うべきはテレビの前の視聴者さんじゃないの!? その視聴者さん、それを知ったら白けてしまう人もいるんじゃない？ と思ってしまう。


もちろん、企画、構成、演出を考え、タレントをキャスティングして番組を作るのはスタッフさんです。どんなスタッフに出会えるか、どんなスタッフとタッグを組んで、いいものを作っていくか。いい仕事をするためには、日ごろからスタッフや共演者と円滑なコミュニケーションを心掛けることは大前提です。

しかし、それは裏側で「普通」にやればいいこと。やっぱり、どこまで行っても一番に向き合うべきはお客さんである視聴者！ そして、お金を払って見に来てくれるお客様!!

その思いを常に持ち続けてお仕事したいですね。

どっちに気を遣ってるん

普段、生活をしていると「どっちに気遣っとんねん！」と感じることが多々あります。

我々の業界は、ロケで飲食店にお邪魔させてもらうことが多く、そのときにもよくそんなことを感じます。

たとえば、我々タレントとテレビ番組のスタッフ一行が、ある飲食店にお邪魔したとします。

お店の方とスタッフは、事前に打ち合わせをすましている状態です。

いざカメラが回り、撮影が始まって、お店の方が魚をさばきはじめた……と、スタッフが突然、声を荒らげた。

「いやっ、そこでやらないでって言ったでしょ？　タレントから見えるように、ここにまな板を置いてさばいてって言ったでしょ!!」

かなりキツめの注意。

さばく様子を見て「わぁ～」みたいなリアクションを入れたかったのかもしれない。スタッフにも段取りがあるのはわかるけど、怒られたお店の人は「あっ、ごめんなさい！」と委縮して申し訳なさそうにしている……。

そんな様子を見たとき、私ならこう思う。

「いやっ、まず、その口のきき方がダメでは？　お店の方は事前に打ち合わせはしたかもしらんけど、いつものクセで通常通りやってしまっただけで、なんでそんなに公開処刑みたいに怒られなきゃダメなの？」

最悪、タレント側にはさばく手元が見えなくても、テレビを見ている人がわかればいいんです。「あ、見えんな」と思ったら、我々の方が手元が見える場所に動くから。

あくまでテレビサイドはお店にお邪魔させてもらっている側。お店の方が第一だし、なんなら、いつもと違うことをさせるんじゃなくて「お店のやり方に従って！」とも思う。とにかく、我々じゃなくて、お店の人に気を遣って！

しかし、なぜかタレントには気を遣ってくれるけど、お店の人には配慮が足らないスタッフがたまにいるんですよね。（もちろんちゃんとしているスタッフさんもいます）

目の前でそんなふうに言われると、たいていのタレントはお店の方がかわいそうになって過剰なフォローを入れてしまう。それでまたお店の方に余計に気を遣わせてしまうんですよ。

これは一つのたとえ話だけど、こういうことってほんとに多い。

そのたびに思うんです。

「気遣うとこちゃうのよ」

今やってることは誰のため？　そこをしっかり認識してないと、おかしなことになる。

こんな思いしたこと、皆さんもないですか？

どこ向かってるん？

ハッキリ言って嫌いな言葉です。

芸人である私ですが、歌やお芝居も大好きで、いろいろと幅広くチャレンジさせてもらっています。

芸人として披露するネタだけではなく、歌やお芝居、すべてが私の「芸」。

最近はジャズにもチャレンジするようになり、ライブに出演させてもらうこともあるんですが、そんな私にこんなことを言う人がいる。

「え、ジャズ？　どこ向かってるん（否定的なトーンで）」

そういうとき、私は心の中で静かにこう思います。

「は？　どこ向かってるんって、芸事に邁進《まいしん》してるだけやけど！『芸人やのに、面白いこと考えんと、歌ったりお芝居したりして路線変えた？』とでも言いたいの？浅はかやなぁ、捉え方が。すべてひっくるめて芸！すべてが各分野に活かされるのよ！その経験がまたネタに活かされるのよ。なんなら人生はコントよ！」

実際にいろんな仕事を通して摑《つか》んだ感覚から、ネタが膨らんでいくことはよくあります。

たとえば「演歌歌手・水谷千重子」もそう。

最初は演歌歌手の方がポップスを歌うときのこぶし回しが面白いなと思って生まれたネタですが、とにかく千重子はサービス精神旺盛。トークでも「バカ言ってる」とおとぼけを繰り返し、誰も知らない伝統芸能「越後前舞踊（焼き豆富を落とさないように踊る舞踊）」をやったりと、精力的にお客さんと一緒に楽しもうとする、それが水谷千重子です。

ある意味、私の〝やりたい放題〟を詰め込んだものですが、一方で「いそう！」と思えるリアルさがあったり、実際に演歌界の大御所さんやさまざまなアーティストの方と「ジョイン」させてもらって、その世界が空想から現実になり、その世界観をお客さんも一緒に参加することで壮大なコントをしているような、そんな楽しみ方が千重子にはあるんだと思います。ありがたい限りです。

そんなキャラの肉付けができて、また、水谷千重子という存在そのものを演歌界からかわいがってもらえたのは、「THAT'S ENKA TAINMENT～ちょっと唄っていいかしら?～」（通称エンカメ）という演歌バラエティ番組で長く司会をやらせてもらっていたことも大きかったと思います。


演歌歌手の方と交流を深めていくなかで実感したのは、演歌を盛り上げようとする人のことをもれなく歓迎してくれる懐の深さ。そして積極的に「ボケたい！」「ダジャレを言いたい！」という大御所の方がめちゃくちゃ多い、ということ（笑）。

あまりバラエティ番組で披露する機会がないから知られていないけど、間もセンスも抜群に面白い演歌歌手の方はたくさんいらっしゃいます。

川中美幸さんなんて凄まじい。特にコンサートなど

で披露する、お客さんを巻き込んでのトークは壮絶に面白くて、それがショーの一部にもなっています。しかも全部キレイに落として終わるから、途中からは、見ていて「この人のトークセンス芸人もかなわない！」と恐ろしくなった！

そういう世界を間近で見させてもらって体感したこと、一つ一つのリアルの蓄積が千重子の養分になりました。

気づけば、歴史ある明治座や博多座で「50周年記念公演」をやらせてもらったり、日本全国津々浦々をコンサートで回り、行く先々で歓迎してもらったりと、皆さんに大きな愛をいただき、まだまだ育てていただいています。

そういったネタの種が、ジャズを歌うことのなかから、生まれるかもしれないわけです。

これからもジャズに限らず、自分が興味あるものには遠慮なく手を出して、とことん楽しんでいきたいと思っています。

だから「どこ向かってるん」なんて二度と言わないで！

理解者は必ずいる

エゴサーチはしないし、あらぬ噂《うわさ》がたっていても、SNSでの反論はしないことに決めています。

「そうじゃないんです！」と反論したり、敵対心を燃やしてアンチと戦う人もいるけど、そんなことをしたって、ネットニュースになってさらに燃え広がるだけ。いいことは何一つありません。

なかには、真実なんて興味はなくて、悪く言いたいだけの人だっている。同じ土俵に立って相手をするだけ損。自分がしんどくなるだけです。

それが本当に「誤解」なら、こっちがブレずにいれば、絶対、いつかわかる人にはわかる！

皆さんもいろいろと思い通りにならないこと、各々あると思います。それによってトラブルが生じたり……。

私でいうと、ネタ番組でよくあったのがスタッフさんから「ここのボケは伝わりづらいのでカットしてください」とか「このボケはこっちに差し替えてください」。普通、若手は受け入れるのかもしれませんが、私はそこは譲れませんでした。

なぜなら、それが面白いと思ってネタにしているのに、その指示に従うことによって自分のネタではなくなるからです。

納得できないアドバイスやボケを入れ込むことで、私のネタを面白がってくれてるお客さんから「あれ？　友近のボケ、なんか変わったな」と思われるのが嫌だったんです。

そうは言っても、お断りするのは結構しんどいことです。現場のスタッフからは「あいつは言うことを聞かない」と受け止められてしまうことも少なくありませんでした。

それでも「自分が面白いと思うことだけを発表する」、そして「そんなネタについてくれたお客さんを大事にする」という軸はブレずにネタを作り続けるうちに、価値観が合って、尊敬できる芸人仲間が増えていきました。

「何があっても面白いことを考えていきましょう。結局、そうやって生きていきましょう、我々は」

「低い次元に行くのはやめましょう」

そう言ってくれる人がいたから、そんな自分でいられたと思う。

さらに時間の経過とともに、今度はスタッフにも理解者が現れるようになりました。私自身は一年目から変わらないけど、同じことをやり続けたおかげで、私のやりたいことを理解してくれて、一緒に面白いものを作ろうとしてくれる人たちが増えたんです。おかげで、仕事もしやすくてストレスフリー。

時間はかかったけど、「わかる人にはわかる!」の実証です。

もちろん、全員が理解者になってくれるわけではないけど、価値観が合わない人とは、「合わないんだな」と認識して、なるべく付き合わなければいいだけの話。

イライラしながら付き合うのは時間の無駄！

譲れない自分の軸は大事にして、価値観が合う理解者と楽しくつるみましょ！

タクシーを呼ぶのが早すぎる人

仕事の打ち合わせが終わった後、または打ち上げが終わりそうなとき、早めにタクシーを呼んでくれる方がいます。

久しぶりに会う人と楽しい話題で盛り上がっているときに、サッとスタッフが近づいてきて囁《ささや》く、この困った言葉。

「もう呼んでますんで」

「えっ!? なんで帰ると思ったん? 今、盛り上がってるよ? まだまだこの話、続きますよ?」

すでに、もう呼んで三十分くらい経ってたらしい。


慌てて乗り込んだ瞬間、キレる運転手さん。

「アンタ、いつまで待たせるの!?」

いや、そりゃそうよ!!

「すんません! ずっと待たせてたんですか?」

心の中では「もう! 早く呼ぶからやろ」と思うと同時に、申し訳ない思いが募ります。


運転手さんの険悪な空気は変わらずで、家に着くまでものすごく居心地が悪い状態が続きました。

この早すぎるタクシー待機は、誰も得しない!

まぁ、呼ぶのが早くて「あの人はタレントを待たせない、仕事ができる人」と思う人もいるんでしょう。

そもそも打ち合わせの内容とか、打ち上げの様子をきちんと観察して、俯瞰《ふかん》で状況を把握できていれば、そんな三十分も前に呼ぶような事態にはならないと思うんですよね。

こっちは別に待ちますから。そんなに早く呼ばなくても大丈夫！　後で聞いたら、このとき早めにタクシーを呼んだ人も、タレント側から「タクシーを呼ぶのが遅い！」と怒られたことあったとか。

だからとにかく「待たせたらあかん！」と早め早めに呼んだんだろうけど……。

タレントに気を遣うより、待たせすぎたタクシードライバーさんに気を遣って！

あっ、どっちに気遣てんねんのやつですわ。

結局は「品」ですね

新幹線の座席シートを最大まで倒す人はやっぱり品がない。

なぜならそういう方は新幹線から降りるときに、シートを直さずに帰る人が多いから！（私の目撃談）

シートを最大限まで倒すのは百歩譲っていいですよ！　そういうシートとして作られているから！　でも、そのシートを直さずに帰るやつは本当（心が）ブス！　そういう観点からするとやっぱり最大限に倒す人はデリカシーに欠けていて、品がない！

あと、どれだけ上品な服を身につけてスンとしていても、お化粧バッチリの美人さんでも、洗面所の使い方が汚い人はブス！

「品」がある人は、すべての行動の細部に「品」が宿るんですよ。どれだけ口が悪くても。

あと、使い切ったトイレットペーパーの芯をそのままにして替えない人もブス！


品ってなんやろう？

目には見えないけど、思いやりを持っていて、人の行動を先読みできる人、次に使う人のことを考えられる人なのか。品は上辺だけでは必ずバレてしまいます。

だから人間、品に関してうそはつけない。

夫のお小遣い

昔から「夫のお小遣い」というワードに違和感があります。

共働きのご家庭では「夫のお小遣い」「妻のお小遣い」両方あるのかな？

ともかく、「月の小遣い、三万円の中でやりくりしてる」みたいな話を聞くと、「は？」と思ってしまい、なんだか違和感……。

なんで自分で働いたお金を「お小遣い」としてもらわんといかんの？　不思議。

「お小遣い」という言い方が昔から気になるんですよね。

「お小遣い」と言われると、どうしても子どもが、親やじいちゃんばあちゃんからもらう「小遣い銭」みたいな感じがします。

妻が親で、夫が子ども、みたいな感じ。なんでみんな当たり前のように「お小遣い」という言い方をするんだろう？

そう思って、オンライン辞書で「お小遣い」を検索したら、

「保護者などから、自由に使って良いものとして与えられた銭などを意味する表現」

(Weblio 辞書)

と出てきました。

やっぱり、そうやん！

もうやめよ、別の言い方にしましょ……とは思ったものの、ちょうどいいワードが思い浮かばない……。

「ポケットマネー」「取り分」「分け前」……。

う〜ん、それもなんかニュアンスが違うな。難しい。でも別の言葉を浸透させたい！

たとえ昔ながらの、外で稼いできてるのは旦那で、家を守ってるのは奥さんという家庭でも、お互いが尊敬し尊重し合ってたらそんな言い方にはならないはず。

だからこれからは「お小遣い」じゃなくて、「ありがとう金」がいいと思う。

「今月はこの『ありがとう金』でよろしくお願いします」。うん、いい感じ！

「私みたいなもんが……」

今は「上から目線」に敏感な世の中だけど、私はむしろ「下から目線」を警戒してしまいます。

たとえば、こんな言葉を聞いたとき。

「私みたいなもんが、こんな仕事をさせてもらって……」

「私みたいなもんが、口を挟んで申し訳ないんですけど……」

「私みたいなもんが、こんなプロデュースをさせてもらって恐縮ですが……」

私みたいなもんが……は本心なのかな？　こんなことを思うことがいじわるですな……。

私も心の底から「私みたいなもんが、すみません！」と思うことはあるから、一概にキメツケてはいけないが……。

私の場合、明治座さんから「座長公演、やりませんか？」とお声がけしていただいたとき。

「えっ？私が？いいの？歴史ある伝統ある明治座さんに水谷千重子がたっていいの？」

本当に水谷千重子が「50周年記念公演」をやっていいんだろうか。快く思わない人もいるだろうなぁ……と考えてしまいます。

かといって「じゃあ、座長公演はもうご辞退しようかな」というのは違う。そうではなくて、誰が観ても「ああ、これやったらお客さんも入るわ」「座長公演をやれるだけのことはある！」と感じてもらえる、千重子なりの上質なエンターテインメントを届けて納得してもらうしかない。いわば、芸で帳尻を合わせていくしかないと、改めて肝に銘じています。ただ、そんな気持ちは、そうやすやすと人前で口にできるものではありません。

「私みたいなもんが……」とへりくだったり、謙虚になるのは正直簡単なこと。

でも簡単な道を行くより、自分を磨いて、ポリシーを貫いて、堂々と生きていきたいんです。

皆さんも、自信を持って、堂々と生きましょう！

上からでもない下からでもない、フラットな自分で突き進もう！

「私、むっちゃ食べるんですよ」

いや、あなた言うほど食べてないよ!!

「訂正してお詫びいたします」

ニュース番組、情報番組を見ていると、急にアナウンサーに紙が渡されて、こういう場面に遭遇することがあります。

「先ほどの〇〇のニュースですが、正しくは〇〇でした。訂正してお詫びいたします」

それを見るたびに思うんです。「え、さっきのニュースのどこの部分が？　なんて間違ったの？」と。

ややこしくなるから正しくないことを繰り返す必要はないとは思うんだけど、でもざっくり言われすぎると、釈然としないというか……。

ニュースだから「うわ〜、ごめんなさい！」みたいな感情は出せないでしょうけど、少なくともこれくらいの情報は教えてほしい。

「〇〇のニュースで、先ほどは〇〇とお伝えしましたが、正しくは〇〇でした。申し訳ございませんでした。訂正してお詫びいたします」

ニュース番組によってはちゃんと訂正している番組もあるんですが、ざっくりした謝罪は、とりあえず「訂正しましたよ」という「形だけ」に感じてしまうんですよ。

間違うことは仕方ないですよ、人間だもの。でも、大事なのはその後だと思う！

逃げるように言わないで、こういうときほど丁寧にゆっくり伝えてほしいもんです。

アクリル板

コロナ禍の番組収録で導入された飛沫対策のアクリル板に一言!!

今はだいぶ減りましたが、出演者同士、まったく距離感のない、ほとんど意味をなさないアクリル板を立ててる番組が本当に多かった。

そんな意味ないアクリル板を見つけたらすぐ指摘します。

「これ意味ないですよね？　顔がもう直接見えてるから。飛沫しますよ!!　ズラしましょう！」

そう言って、実際、何度も位置を変えてきました。

だって、「やっときゃええんやろ」で感染者が相次いだら、私たちタレントだって困るけど、番組だって困るんじゃないの？　と思うんだけどなぁ。

アクリル板で言うと「コンビ間はＯＫ。立てなくてもいい」という理論にも異議を唱えたかった。

なんでコンビやったらいいの？　コンビだって、一人一人、違う人間やで!?　それぞれ家族もいてるし、移ったらダメでしょ!?　と思うんですけど……。

誰かの都合のための「形だけ」とか、真心が置き去りにされてる「形だけ」は腹が立つというより、虚《むな》しくなってくるんです。

めんどくさいやつと思われても、そこは見過ごしたらダメだと思う。これからも、必要があれば風紀委員になって言い続けますよ！

「発送をもってかえさせていただきます」

テレビや雑誌のプレゼント企画などに添えられるおなじみの言葉ですね。

要は、当選者をわざわざ発表することはありませんよ。当選者には直接賞品を発送しますから、それが届いたら当選ですよ。来なかった人は、もう落選ですよ。という意図をその一言で表現してる……で合ってる？

当たり前に言ってるけどかなり独特の表現だし、とにかく親切じゃない言葉だなぁと思うんです。

わかりやすくシンプルに言うなら「当選は賞品を発送することでお伝えします」で、いいと思うんですよ。

「かえさせていただきます」が、ややこしくしてるんかな？　いやっ、「発送をもって」かな？　「当選者の発表はわざわざしませんよ」ということですよね……。

小さいころから当たり前のように聞いてきたけど、よくよく考えてみたら変やなと思って、一番親切なのは、商品が届かなかったら落選だと思ってください!!　という一言。これがあれば納得!!　よろしくです。

おしぼりの匂い

行ったお店で絶対にチェックするのが「おしぼり」です。

タオル地がふっくらしていて、鼻を近づけてスーッと匂いを嗅いだときに、一点の曇りもなく根本からえ〜匂いがするおしぼりが出てきた店は間違いない！　もう、これは絶対！　と思っちゃうんですよね！

上から香料ふりかけてえ〜匂いにつくろってることもあるけど、あれはよくないんだな……。奥に悪魔が潜んでいる……。

おしぼりそのものは臭わなかったのに、手を拭いた後に手を嗅いだら「くさ!」というパターンもあるから油断できません。だから、二段階確認は必須!


おしぼりがクサイと、その匂いを鼻が覚えているから、その後どんなにおいしい料理が出てきても一〇〇%で「おいし~」「また来た~い」とは思えない。


そもそもクサイってことは、キレイに洗えてなくて雑菌が繁殖したり、おしぼりを入れておく場所の温度管理ができてない証拠。業者に任せてる場合でも、よくない匂いに気づいていないのは店の管理体制を疑ってしまいますよね。

だから、これは間違いない。

おしぼりに手を抜いてないお店は、一番信用できる!

ドラマチックレッド

ドラマチックレッドは濃い赤色を指すらしい……。

いつからそんな色できたん!?

スタイリストさんとかファッション業界の人たちが使う色の名前って、知らんやつが多い。当たり前のように雑誌にも書いてたりするけど知らんがな〜。

色も勝手に作っていい時代なのかな。

じゃあ、キレイな白はオネスティーホワイト。

くすんだ汚れた茶色はダスティーブラウン。もしくはアウトローブラウン。

とか!!（楽しい〜）

毛量

コントでカツラを発注するときは何が大事ってカツラの毛量！

毛量の多い人って、業の強い女性っていうか、経験値が高く生きづらいけど情が深く、そんな訳ありげな生き方に少し憧れもあったり……。

極妻、水商売、女将……。皆さん確かに毛量多いんですよ。キメツケですが……。

だからそんな女性をコントで演じたくなる。

すべては毛量から!!

子どものころの遊びを続けるか、続けないか

水谷千重子の明治座公演で、生まれて初めて喉が不調になり、数日間、声が出にくくなるというハプニングに見舞われました。

その節は皆様にご迷惑おかけしましまして申し訳ございませんでした。

それでも休演にはしたくない！　そんな思いで皆さんがいろいろ協力してくださいました。

ハスキーになった声を活かせるように、急遽《きゅうきょ》、歌謡ショーの一部をジャズアレンジで行うことにしたのですが、そのときアドリブで合わせてくれたのが、倉たけし（ロバート秋山さん似）の〝倉《くら》ンペット〟でした。

廃材とガムテープで作ったトランペットならぬ〝倉ンペット〟を構え、口でトラン

ペットを真似る芸ですが、これがちょっとびっくりするくらいにうまくて、もはや名人芸の領域なんです。

これにはお客さんも拍手喝采の大盛り上がりで、本当にピンチを救っていただきました。

心の中で感謝しつつ、ステージ上での千重子は、いつものように倉に言いました。

「あんた、本当にバカなことばっかりやってんね」

そしたら倉がこう返してきたんですね。

「いや、みんなもやってんだよ。子どものころはみんながやってた。それをそのまま続けるか続けないか、大人になってやめるかやめないかの違いなんだよ」

この倉の発言には、思わず千重子を超えて友近が「いや、ほんと！　まさにその通り!!」と膝を打ちました。

このときは〝倉ンペット〟の話だったけど、私の好きな「くち三味線」も一緒ですよね。

もちろん、大人になったぶん「エンターテインメントとして見せる！」「クオリティを上げる！」という表現の工夫をしていくことは必要です。


思えば、子どものころ、ちゃんとした歌詞がわからないけど、歌いたい曲に適当な言葉を乗せて歌っていた遊びの延長が、歌詞を「タテトティ」だけに変換して歌う、「タテトティの歌」になった。

子どものころから坂道を見つけるとマイケル・ジャクソンを真似て遊んでいたのが、イスに座ったまま上体を斜めに倒していく「ゼログラビティ」ネタになった。

こんなばかばかしいネタ、大人はやるのに勇気がいると思う。

でも「うわ〜わかる、自分も似たような遊びやってた！」と思うから、多くの人が笑ってくれるんじゃないかな、と。


きっとみんな、学生時代は友だちとカラオケに行ったりしたら、無邪気にエアギターとかエアドラム、エア指揮者とかやってたと思う。

でも、いつの間にか羞恥心が出てきたり、「ええ大人やし、ばかばかしいことはやめよう」という分別がついてやめちゃうんです。

そこの部分をなんの疑いものなく続けてきたのが私たちなんだなぁ……と(笑)。


そういえば、中川家の礼二さんにも、言われたことがあります。

二人でブツブツ言いながら旅をするロケの途中「多分、俺らってなんにも変わってないんやな、昔っから」と！

よく思うのは「家でやってたことを、今テレビでカメラが撮ってくれてるだけ」と

いうこと。でも、それを続けるって意外と勇気がいるし、自分の面白いと思う気持ちを持続させるアンテナを持ち合わせていないと難しいのかもと……。

そして、無邪気な子ども心を失わないこと！　これすごく大事なことだと思います。あっ、無邪気といえば手相芸人の島田秀平さんに「友近さんの手相、無邪気線がむっちゃくちゃ出てますよ」って言われたなぁ。手相はうそつかない!!

これからもくだらないことを思いっきりやっていきたいと思います！　百済《くだら》の人！

（これ――！）

持論

特別対談

ハリセンボン
近藤春菜 × 友近

漫才師、俳優。1983年、東京都生まれ。2003年、箕輪はるかとハリセンボンを結成。2004年にデビュー。2023年にコンビ結成20周年。「M‐1グランプリ」で2007年と2009年に決勝進出を果たす。NHK「土スタ」、TBS「モニタリング」を始め、日本テレビ「悪女」、「ブラッシュアップライフ」、テレビ朝日「星降る夜に」、TBS「ラストマン」等、バラエティやドラマなど幅広い分野で活動している。

友近ライブの常連ゲストであり、「徳川徳男・徳子」として全国ツアーを開催するなど、公私にわたって仲良しのハリセンボン春菜さん。先輩後輩の二人がなぜ仲良くなったのか、共通する大事な感覚とは？　気を許す春菜さんだからこそ知る意外な一面など、また新たな角度から「友近の頭の中」を覗く対談です。

春菜　初めて友近さんを一方的に見たのはルミネtheよしもとの楽屋でした。確か次課長（次長課長）の河本（準一）さんと楽屋の隅でコソコソお話しされてたんですよ（笑）。

友近　そう（笑）。コソコソしてるつもりはないんやけどネ。基本声が通らない（笑）。それと、中森明菜さんが大好きだから、そのイズムかな（笑）。

春菜　あ〜、入っちゃってるんですね。

友近　あと、テレビとかでも言ってるんだけど、声の大きい人はデリカシーがない、アホな人は声が大きいという持論があるから。「あはなりたくない！」というのもあるよね。

春菜　なるほど。声が大きい人に対するアンチテーゼというか。

友近　そう、アンチテーゼ。……アンチエイジングもしてるし。

二人　（顔を見合わせてクックックと笑い合う）

春菜　ね？　友近さんって今みたいに瞬間的に思

ったことをそのまま口にされるじゃないですか。「段差がありますよ」って言われたら「ダンサー・イン・ザ・ダーク」とか。

友近 はい！　それは必ず。もうクセですね。あと、アンチテーゼで「天使のテーゼ」も出てきてたけどね、残酷の。

春菜 いや、残酷な、ですよね。

友近 アハハハハ！　そのへん、曖昧《あいまい》なところはあります（笑）。

春菜 フフ。好きなことを好きなように言えて、それがまた面白い。そういうところもやっぱり憧れますよ。

友近 ホント？「ようそんなしょうもないこと言えるな！」って言う人もいるけど（笑）。でも確かに「こんな自由でいいんだ？」とは、いろんな人からよく言われる。

春菜 普通はなかなか勇気が出ないですよ。特に私はコンビなので、自分の発言がコンビの責任になってしまう。どうしても考えすぎちゃうんですよね。

友近 ルールはないって勝手に思ってるから。もちろん秩序を乱すようなことはしたらあかんと思うけど……。私の自由な行動で一つ言うとね、関テレは局に入ったら、まず「お飲み物、何にしますか？」と聞いてくれるやろ？　私は絶対うどんを頼むのよ。

春菜 えっ！「お飲み物」を聞かれてるのに？

友近 そう。でもメニュー表を見たら「うどん」

「そば」も書いてあるから。で、お値段的にも一八〇円。飲み物は三百円。なんとうどんの方が安いのよ！「うどんはあかんよ」とも言われてないし、「うどんお願いします」って頼むと、普通に「わかりました」ってうどんを持ってきてくれます。これ、本当はうどんを頼みたいけど「そんなこと言っちゃいけない」って我慢してる人もいると思うから、勇気を持ってぶち破ってほしいと思う。

春菜　アハハ、勇気の話ちっちゃ！　でも、できないです、それ。

友近　そうやろ？　ちっちゃくないのよ。これがなんなら一番でかい勇気の第一歩よ。

春菜　また値段も考えながらっていうのがいいですよね。「常識をぶち破る」をいい塩梅《あんばい》でやられてると思う。

友近　ありがとうございますっ！（低い声で）。

面白いと思う感覚と「ちょっと違うな」と引っかかるアンテナ

友近　春菜は「10カラット」（※1）を見て「あ〜、達者な人がおるなぁ」という印象だった。それで後日、関西の企業CMみたいなのを作るバラエティ特番で、誰かと一緒にやるってなったときに「ハリセンボン面白いか

春菜　らご一緒したいわ」ってオファーしてもらったんです。で、即興の女子会みたいなシーンをやったときも、最初からセリフを決めなくてもバーンとやれて、「あ、この人やっぱり思ってた通りの人だ」と思った。そこからはもう、何かあったら一緒にやりたいという存在になったよね。

めっちゃくちゃ嬉しいです。うちらは当時まだ二年目で、先輩から声をかけていただいたことがまず嬉しかったし、アドリブも込みでいろいろ任せてもらってセッションみたいなことができたのがめちゃくちゃ楽しかったという記憶ですね。でも、すごいと思うのは、テレビで見ただけでオファー

友近　してくださった友近さんの勇気じゃないですか？　だって、実際に会ってみたら、めちゃくちゃになる可能性だってあるわけじゃないですか。

でもね、そういう「この人とは合う！」っていう嗅覚とかアンテナには絶対的な自信があるから。そこは私も〝バッファロー（吾郎）さんイズム〟なんですよ（※2）。バッファローさんって、芸人の一つのネタを見ただけで、バッファローさん主催のプロデュースライブや新ネタライブに呼んでくださるんだけど、感覚がブレないというか、見事にある種の面白さの感覚を共有できる芸人ばっかりを集める。私もそこに共感し

てたし、「あ、この人、感覚が合うやろな」って閃《ひらめ》いて、答え合わせをしてみると「やっぱり間違いなかったな」ってことが多い。で、春菜のときもそうだったという。

春菜 いや、嬉しい！

友近 やっぱり春菜もすごく人を観察してるし「これが面白い」と思う感覚と、「あ、それはちょっと違うな」と引っかかるアンテナの感覚が似てるんだと思う。

春菜 そうですね。この人のこういうところが気になるな〜、とかの感覚はすごく合いますね。周りの人は気にしてないところも「あ！」って、二人で目を合わせて……。

友近 「ね〜」っていう（笑）。それは、その瞬間に感じ取ることだから、言葉で説明するのは難しいんだけど……。

春菜 あ、これはどうですか？　たとえばみんなで中華料理を食べに行ったとして、出てきた料理に香辛料として八角が入ってることに気づく人は多いんだけど、でも私たちは花椒とか陳皮が入ってることにも気づいて、「あ！」って目を合わせる二人、みたいな……。あれ、余計にわかりづらくなりました？（笑）

（※1）2005年10月から2006年3月までTBSで放送された若手芸人10組によるコント、バラエティ番組。オリエンタルラジオ、アームストロングなども出演。

（※2）バッファロー吾郎が主催する「爆笑新ネタ逆転満塁ホームラン寄席」「ダイナマイト関西〜全日本大喜利王決定トーナメント大会」では、実力はあるけどまだ世に知られていない若手芸人を出演させて育成した。友近の他、ケンドーコバヤシ、小籔千豊、野性爆弾、ザ・プラン9、レイザーラモン、笑い飯、千鳥、南海キャンディーズなども〝バッファローファミリー〟。

友近　分かりづらい!!

二人だから生まれたネタ「徳川徳男・徳子」

友近　とにかく「徳川徳男・徳子」（※3）は、同じ感覚を持っている春菜とだからできるネタなのは間違いないと思う。

春菜　そうですね。一番最初は、友近さんの単独ライブで「二人でコントをやろう」って言っていただいてあのキャラクターができたんですよね。最初はあんなにマウントを取り合う感じじゃなかったんですけど。

友近　ストーリーがあったもんね、徳川埋蔵金の。

春菜　それが「見栄を張る二人」みたいになって、どんどんエスカレートしてマウントを取り合う形に落ち着いて。ネタを作るときは毎回、「じゃあ、ちょっとしゃべってみようか」とお互いが言い合って「あ、これいいね」というのを私が箇条書きにしていくんですけど、「これは必ず言おうか」みたいなのはあっても、ツアー（※4）のときもそうでしたけど、毎回どんどん変わっていくんですよ。ツアーだとご当地のことも言いたいし。

友近　そう。前と違うことを言う春菜に、こっちも乗っかって、どんどんかぶせていくドキドキがまた楽しくて。

春菜　お客さんはもちろんですけど、私は友近さんを笑わせたい。お互いを笑わせたいみたいなところもあるから、止まらないというか。「結局、ラチあかねんだよ」と言ったら、一旦やりとりが終わる、みたいなワードもあるので安心感もありますし。
私がライブツアーで忘れられないのは、会場にいたお子さんが「ウャ～」って泣いたときに、それもネタの一部にして「あの子泣かせたの、オレだよ」「アタシだよ」って言い合うみたいなことがありましたよね？　そういう、その場で起こったことを活かしていかに言い合うか。それがめちゃくちゃ楽しかったし、アドレナリンが出る感じがありました。めっちゃシビレました。

友近　楽しいよな～、シビレる……。あんまり言わない表現「シビレる」（笑）。

二人　アハハハ！

友近　あと、ちょっと際どい二人ではあるんだけど、どこまでやるかという頃合いも、ちゃんとお互いが共有できるから。真っ白な状態でやっても。

春菜　そうですね。そこは話し合わずとも自分たちの中で線引きがあって。多分、徳子はこ

（※3）「〇〇を作ったのはオレだよ」「いや、アタシだよ」と何から何まで自分の手柄にしてしまう男女のコント。
（※4）「徳男と徳子 オレだよ、アタシだよ2022」ツアーは、2022年2月から東京（有楽町よみうりホール）、北海道（カナモトホール（札幌市民ホール））、福岡（福岡市民会館）、広島（広島国際会議場フェニックスホール）、大阪（森ノ宮ピロティホール）、愛媛（松山市民会館）、愛知（名古屋市公会堂）で開催。

こまで言わないとか、徳男はここまで言わないとか。二人はプライドを持ってるし、品もあるし。

友近　そう、品があるから。

春菜　ライブが終わった後で、お互い「いや〜、あそこの部分、あっちに行っちゃいそうで危なかったけど、やめましたよね」とか確認し合ったりもしてましたよね。

友近　そう！　お互いがうまく調整してる。自分で言うのもなんやけど、そこはすごいなって思うもん。ライブを観に来てくださった古舘（伊知郎）さんも「プロレス見てる感じだった」って言ってくださって。

春菜　サンドウィッチマンの伊達（みきお）さんも「俺、あのネタ大好きなんだよ」って言って、お会いするとよく仕掛けてくださるんですけど、でも伊達さん、下ばっか行くんですよ。上行ってくださいよ！って（笑）。

付き合いの長い相手だから知る、友近の女子大生っぽさ

春菜　友近さんって世間のイメージで言うと、ストイックで……もちろんお仕事とかネタに対してはとてもストイックなところはあるんですけど、私はかわいらしいなって思うことも多いんですよ。さっきもね（対談の撮影の合間）、壁にこう背中を付けて（両

手を後ろで組んで、片足を投げ出す少女のようなポーズ)「こうやって待ってたらかわいいかな? どう思う?」みたいなことをおっしゃられてましたけど。

友近 アハハ!

春菜 そういうところがかわいらしい。温泉ロケに行かれたときには、自分が温泉に入ってる写メを私に送ってこられて「色っぽいやろ?」って送ってくれますし。

友近 「ええ女やろ」、「待ってるわ」ってね(笑)。

春菜 「愛人か」、「現地妻か」って送り返して(笑)。確かに色っぽいんですけど。

友近 春菜やから送りたくなるのよ。

春菜 私がツッコみますからね。でもそんな先輩、いないですから。なんかね、友近さんって女子大生みたいなんですよ。

友近 それ、前から言うてるよね(笑)。

春菜 はい。なんかこう、学生のときの友だちみたいな感じがあると言いますか。東京にお引っ越しされて初めてのお部屋に泊まりに行かせてもらいましたよね? 私もそういうのが嬉しかったですし、「先にお風呂入り」と言ってお風呂を用意してくれたり、お風呂から上がったら、お布団も敷いてくれてたり。なんか……実際は違うんだけど、初めての一人暮らしでキャッキャキャッキャッしてる女子大生みたいな感じがしたんですよ。夏になったら「バーベキューしようよ」とか「グランピング行こうよ」とかも誘ってくださいますし。

友近　もう、バーベキューとかキャンプを想像しただけでワクワクするから（笑）。でも大人数で、っていうのは苦手だったりするんだけど……グランピングは一緒に行ったもんな。

春菜　はい。実際行かせてもらって、やっぱ女子大生だなって（笑）。

友近　私のことを女子大生っていう表現する人は春菜の他にもう一人いて。テリー伊藤さんなんだけど。

春菜　え!?「スッキリ」だ！　加藤（浩次）さんの横にいる人たちじゃないですか（笑）。

友近　共通点。「女子大生だな、女子大生みたいだな〜」（ものまねで）って。

二人　（爆笑）

独自の「愛媛」を案内する友近ツーリスト

春菜　かわいらしいし、女子大生みたいな雰囲気もあるんですけど、でもやっぱり友近さんの感覚ってすごく独特なんですよね。プライベートで、私とYOUさんと友近さんの三人旅で、地元の愛媛を案内してくださったときも、やっぱり地元ですから、いろんなところを案内してくださるんですけど。

でも、まぁ普通だったら、私も愛媛はほぼ初めてなので、ベタな観光スポットに連れて行くと思うんですよ。でも、道後温泉は道後温泉でも、路地裏に入って「ここは遊郭があったところよ」とか、ストリップ劇場にも連れて行ってくださって。「えっ、どこに連れて行ってくれてるんですか!?」って思いました（笑）。

友近 ニュー道後ミュージックね。友近ツーリストは、他のツアーでは味わえない場所に案内しますから。

春菜 でも、本当に芸術でした。エンターテインメントとして。

友近 そうやろ？　踊り子さんが、曲も振りも演出も全部自分たちで考えるからね。

春菜 きっかけがないとなかなか行けない場所だし、そういうきっかけを作ってくれますよね。ストリップだから当然なんですけど、私、上半身何も身に着けてない踊り子さんに手招きされて……そのとき場内にSMAPさんの「ありがとう」が流れてたんですけど、「ありがとう〜♪」に合わせて、おっぱいに顔をうずめさせていただきました。

友近 アハハハ！　いい経験したな、あれは。柔らかかった？

春菜 はい……母を感じました。でも、男性陣もいるなか、私を指名していただいて、むちゃくちゃ貴重ないい経験でした。そういえば、ガンバレルーヤとも愛媛旅に行ってましたよね。

友近 そう。ガンバレルーヤとはチンチン電車とかローカル線の普通の電車で旅をしようって、市内はずっと電車で移動してた。春菜とYOUさんのときは行かなかったけど、一時はシャッター商店街になりかけてたんだけど、今、若い人たちがどんどんオシャレなお店をオープンして活気づいてる三津《みつ》浜《はま》っていう漁師町があって。かき氷の名店もあるから行こかって……で、その店の近くに、一般の方なんだけど、Naomi✴キャンベルさんっていう面白いお姉ちゃんが住んでるのよ。家に長年テレビがなくてYouTubeしか見てない人で。でも私のYouTubeはよく見てたみたいで、何年か前に初めて彼女の家の前を通ったときに、二階の窓から「友近や――！」って声が聞こえてきて。

春菜 はい……。

友近 えっ？　と思ったら、階段ダダダダダダッて降りる音がして（笑）。「友近や〜、来たわ〜！　いや千鳥がロケに来るイメージしてて。千鳥が来たら友近の話をしてやろうと思ってたのよ。ほんなら本物の友近来たからびっくりしたわ〜」って。しゃべり方もこんな感じ（笑）。すっごい個性豊かで「こんなしゃべる？」って人だったから、何かロケがあるたびに行って二、三回絡んでるんやけどさ。

春菜　友近さんもその方もすごいですね（笑）。

友近　家にクーラーもないから、窓も全部開けっ放しで、カーテンがひら〜ってしてたら家におるっていう証拠なんよね。ガンバレルーヤにもそんな説明してたら、カーテンがひら〜ってしてたから「おるでおるで」って。で、「おるー!?」って声かけたんだけど全然降りてこんから「あれ?」と思ってドアを見たら、「友近さんへ」って置き手紙があった。「銀天街で踊ってますからぜひ」って。

春菜　ええ〜〜〜!?

友近　私が来ることを知ってるわけがないし、でも、私も連絡先を知らないから「どういうこと!?」って不思議に思いながら、西尾一男のモデルになった大将がいる焼肉屋「くいしん坊」（一四六ページ参照）に行ってたら、しばらくして「おったー!」って、お姉ちゃんが入ってきて。「やっぱ、絶対来ると思った、ここ!」って。もうめっちゃバレてるねん、私の行動（笑）。

春菜　ええ!?（笑）どういうことですか?

友近　「なんで今日、私が来るって知ってたん?」って聞いたら「いや、知らんよ」と。「だって置き手紙に書いてたやん、友近へって」。「いや、半年前から留守にするときはいつもあそこに貼ってんねん、友近が来たときに気づくように。私は常に友近のことを思ってるよっていうことで、みたいな」って（笑）。

春菜 すごっ！　すごいですね！　なんていうか……友近さんてほんとに引き寄せますね、面白い人を。この本の中に出てくる「徳川徳男・徳子」のライブツアーで遭遇したタクシーの運転手さんもそうですけど（一三九ページ参照）。もう、奇跡が起きる。また、引き寄せてからの友近さんの行動力。その人を自分のラジオに呼びたいと思って、タクシー会社に連絡して出演してもらったり。

友近 そう、呼びたいのよ！

春菜 私はその発想がないんですよ。生放送でその方とちゃんとお話しできる自信がないですから。

友近 そこはね、春菜を最初にテレビで見て「間違いない」と思ったのと一緒の感覚なのよ。もう「絶対、この人は間違いないな！」っていう自信があるから呼ぶねん。

春菜 そうか。そこに芸人も何も関係ないんですね。

友近 そう！　だから「シン・ラジオ」（※5）では私と話したいリスナーに電話を繋ぐコーナーをやってるんだけど、出てくるリスナー、全員が面白い。それも、リスナーからのメールを読んで「この一行おもろいやん」みたいな引っかかりがある人に電話してるからだと思う。あと、ABCラジオで長年DJされてる三代澤（康司）さんという方が「なんでみんな、あんなにリラックスして友近としゃべってんの?」って言うんだけど、リスナーをリラックスさせる、「いいんですよ、自由で」というウェルカムオーラを出すのも私の特技なんかもしれない。

春菜 ……特技っていうか、だけど（笑）。

アハハ、でも確かにそうなんでしょうね。

友近 年齢も関係ないから。今、子どもの親友が二人いるからね（※6）。

春菜 珍しい！（笑）　確か五歳ぐらいのお子さんですよね。

友近 そう。瑠花ちゃんなんて「インスタライブしようか」って言ったら、「あ、いいよ」（物憂げな言い方）みたいな感じでほんと大人びてる。ま、もちろん子どもみたいな部分もあるんだけど、でもこっちも別に目線を下げることもなく、普通に春菜としゃべってる感覚でしゃべれるから。

春菜 友近さんって相手に合わせて態度を変えないですもんね。だからお子さんとも親友になれるんでしょうね。

（※5）2022年4月から金曜パーソナリティを務めるbayfmの番組。16時からの生放送。
（※6）友近がインスタグラムで発見した、面白くキュートな瑠花ちゃん。お母さんがモデルをやっていることもあり、友近がレギュラー出演中の「花咲かタイムズ」（CBCテレビ）のスタッフがお母様の事務所の連絡先を知っており、2021年12月に番組でロケに行って仲良くなった。今では家に遊びに行くほどのマブダチ。もう一人は、友近がパーソナリティを務める「シン・ラジオ」の小学2年生のリスナー、こうちゃん。4歳の時点でbayfmの交通情報を長尺で暗記してものまねしていた天才少年。ラジオにゲスト出演もしている。

この家族にして友近あり

春菜　友近さんのご家族にもお会いさせていただくんですけど、ご家族を見てたら、なんとなく友近さんがこうなった理由がわかるというか。お姉さんも芸人じゃないけど、本当にずっとミニコントをやられるような方ですし、またお母様がね……。

友近　ヤバいから、おかんは。

春菜　お母様と友近さんが一緒にいらっしゃると、友近さんがずっとツッコんでますすよね。

友近　家族のLINEグループがあるんだけど、おかんだけにはニュアンスが何一つ通じない。なんでこんな説明せなわからんの？　っていうのを、私と姉ちゃんと姪っ子の三人にツッコまれてて（笑）。でもまったく平気やから。環境で言うと、姪っ子は姉ちゃんと私の変な英才教育を受けてるから、ま〜、すごいよ。同級生には伝わる？　って感じ（笑）。

春菜　友近さんからいろいろ見せてもらってますけど、作家的な能力もあるし、出役もできるし、ほんとに将来が楽しみですね。

友近　だからやっぱり犬もそうやけど……急に「犬もそうやけど」って！

春菜　どっから来た？

二人　（爆笑）

友近　いや、本当に環境って大事やな、って話やけどさ。沖縄にいる知り合いのところに迷い込んできた野良犬がいて、もう最初はすっごい顔してたのよ。目つきも悪くてタバコ咥《くわ》えさせたら似合うような怖いヤクザみたいな顔。もう、ヤクザ犬。

春菜 アハハ！

友近 周りも怖がってたんだけど、なぜかその知り合いだけは愛情が湧いて、自分が経営してるエステ店の一角を犬のために空けて迎え入れてあげた。暖かくて快適な部屋で、エサも十分与えて、マッサージもしてあげたりしてめっちゃくちゃかわいがってたら、甘えてくるようになって、見る見る顔つき変わっていって。

春菜 私もそのワンちゃんのお写真を……。

友近 見せたよね？

春菜 見させてもらったんですけど、ビフォーアフターが本当にすごかったです。ビフォーのときは、もう本当に「ガルル…」みたいな感じだったんですけど、アフターがまた、お誕生日を祝ってもらってる写真なんですよね。目の前にワンちゃん用のケーキが置いてあって、ワンちゃんが、もう「わ〜♪」って顔で笑ってて（目を見開いて満面の笑み）。

友近 あ、今の顔、（ますだおかだの）岡田（圭右）さんの宣材（写真）みたい。

二人 （爆笑）

春菜 もうこのようにね、話が飛ぶ飛ぶ。

友近　まぁでもね、春菜とはがっつり作るネタももちろん面白いのができると思うけど、こういう「話がどこまで行くんやろう!?」みたいなライブをやっても面白いと思う。

春菜　確かにそれもいいですね。環境の話だったのに、姪っ子になって犬になってヤクザになって最後は岡田さんまで（笑）。

友近　とっ散らかるけど、最後はちゃんと戻すよ？（笑）

春菜　それでまたツアーをやって各地を回れたら楽しいでしょうね。

友近　ね～、楽しいよね～。

春菜　わ、今の女子大生みたい（笑）。

友近　ライブツアーは本当にまたやりましょう！

関ジャニ∞
安田章大 × 友近

アイドル、歌手、俳優。1984年、兵庫県生まれ。「関ジャニ∞」のメンバーとして、主にメインボーカル、リードギターを担当。2004年、関ジャニ∞としてシングル「浪花いろは節」でCDデビュー。現在は、俳優としてテレビドラマ、映画、舞台でも活躍中。

二〇二三年のお正月映画「嘘八百　なにわ夢の陣」での共演をきっかけに、ものすごい速さですっかり仲良くなった二人。「友近さんという生き物を見ていると楽しい」と語る安田さんをくすぐり続ける、無意識の行動とは？　安田さん独自の目線を通して「友近の頭の中」が浮かび上がる対談です。

安田　仲良くなったのは、二〇二三年のお正月映画「嘘八百　なにわ夢の陣」(※1)で共演して、（中井）貴一さんと（佐々木）蔵之介さんと一緒にご飯に行かさせていただいたのがきっかけですよね。でも、現場ではそんなにしゃべってないんですよ。

友近　ほとんどしゃべってない。ご飯に行こうってなったのも、その最後の一回だけやったもんね。

安田　そう。そう考えたら、ものすごい速さですね、距離の詰まり方が。友近さんが普段どれぐらいの速度で人と距離を詰めてるのか知らないんですけど、こんな短い間に仲良くなるってレアなパターンですか？

友近　珍しいと思う。そんなに共演者とご飯に行くこともないし……まぁ今回は（中井）貴一さんという存在も大きかったと思う。もともと私は貴一さんと感覚が合って、ご飯にもよく連れて行っていただくし、くだらんLINEとかもさせてもらってるから。

安田　なかなか貴一さんとそんなLINEしてる人もいないと思うんですけどね（笑）。その時点でちょっと異質なんですよ、友近さん自身が。どんな人なんやろって思ったきっかけという意味でも、確かに、貴一さんという存在があったっていうのは大きいですね。

友近　貴一さんも蔵之介さんも私も三人ともよくご飯食べるから、そこにもびっくりしたんやろ？（笑）みんなが「わんぱく頼み」をするから。

安田　びっくりしました、大人ってこんなにわんぱくに食べるんですか？　と思って（笑）。洋食屋さんでしたけど、でっかいテーブルが全部料理で埋まったじゃないですか。で、友近さんは、お店に行く前から注文しようと思ってたものは頑《かたく》なに注文するんですよ。たとえば「B定食」を頼もうと思っていたとしても、その前にみんなで単品で注文した料理にB定食と同じメニューがあったら、普通は「もういいか」ってやめるじゃないですか。でも、頑なに言い通すんですよ。

友近　前回、一人で行ったときに「友近さん、今

（※1）中井貴一さんと佐々木蔵之介さんがW主演した映画シリーズ。うだつの上がらない古美術商と陶芸家の「骨董コンビ」が騙し合いの大騒動を繰り広げるコメディで、本作でシリーズ3作目。安田さんは謎のカリスマ波動アーティスト、TAIKOH役で出演。友近はシリーズを通して佐々木蔵之介さん演じる陶芸家の妻役に扮する。公開は2023年1月。撮影は2022年の6、7月。

度はB定食、絶対食べてね」ってママさんに言われてたから。B定食に入ってるものが、すでにテーブルの上に全部あるから、みんなも「友近、もうやめたら？」って感じだったんだけど、「いや、私はB定食を今日食べたいんです！」って（笑）。もう、譲らへん。

安田 その姿が面白すぎて。テーブルの上に同じものばっかり並んでるんですよ。「被ってるじゃないですか、案の定！」って言っても、平然と「うん、そうやねぇ」って。「そうやねぇ」じゃないんですよ。

友近 なんだかんだ、みんなが食べてくれてね（笑）。支払いは貴一さん（笑）、すんません……。

安田 めっちゃ食べたわ。洋食屋さんやから、ハンバーグとかの下には必ずミートスパゲティが敷いてあるんですけど、あれもほとんど僕の皿に来ましたから。いうても僕が一番年下なんで、料理と向き合うべき人間だと思ったんで。

友近 それはヤスちゃんの役やから。食べる役（笑）。

安田 「ヤスちゃんの役」って、もう意味わからないでしょ？（笑）。で、僕がカバンの中にワイン入れてたのを見て……。

友近 そう、ヤスちゃんも、普段から水を持ち歩くようにワインを持ち歩いているという、あんまり見たことない人だったからおもろいな、と。そんな人、なかなかいないから……（安田さんのバッグを見ながら）今日は持ってきてないの？

安田 今日はさすがに。持ってこようとは思いましたけど、でも取材現場にあかんかなと思って（笑）。よくフルボトルで持ち歩いてるので、出したときには、みんな「ええ!?」みたいになる。そのときもそうでしたね。あとね、ご飯が終わって「タクシーどしようか」ってなったときに、「いや、僕、電車で帰ります」と言ったら、友近さんがえらくびっくりされてたのもよく覚えてます。

友近 「え、電車なん?」ってね。芸能人ぶらない感覚がいいなというか……私も電車に乗るし、貴一さんも乗るんだけど、やっぱり電車って便利だから、そこでも、なんか共通するものを感じたのかな。

貴一さんとヤスちゃんといえば、大阪でやった西尾一男ちゃんのディナーショーに、わざわざ東京から来てくれたってこともめったよね。

安田 はい。映画関連のイベントのときに、友近さんが一男さんのディナーショーのことを言ってはって、貴一さんと武（正晴）監督と「それ行きたいですね」って話になったんですよね。「じゃあ、ほんまに行けたら行きましょうよ」と言ってた話が、ほんま

友近 に実現したんです。「行きたいです」と言ってくれても、なかなか大阪までは来られない。それが三人揃《そろ》って来てくれて嬉しかった。

安田 すごい卓でしたよ。監督いて、貴一さんいて、僕も参加させていただいて。

友近 日本アカデミー賞授賞式みたいな卓になってたから（笑）。

安田 そこに友近さんのお母様もいて（笑）。

友近 おかん、ええ席やったな〜。

安田 また友近さんのお母様がめちゃくちゃ面白いんですよ。誰より「西尾一男クイズ」（※2）に参加してました。どの問題も、M寸かL寸の二択で答える形なんですけど、一男さんが「答えはL寸です！」って言った後、友近さんのお母様が「いや、絶対M寸やと思うんやけど……」って不服そうにおっしゃられるんですよ。「いやいや、答えはL寸って言ってますよ！」って（笑）。

友近 あの人、ヘンな人なのよ……。

安田 やっぱり、血はしっかり継いでるなぁと思って、いろんな意味で本当に面白かったですね（笑）。

ロケ中、どんどん声が小さくなる二人

友近 今も（撮影カット用の）カメラで撮ってる

けど、ヤスちゃんが自然体やから、話してるうちにカメラの存在を忘れてしまう。私が北海道で出演している番組「おさんぽ北海道」（※3）のロケなんて、本当に自然な感じだったやったよね。

安田 不思議なくらいリラックスしてましたね。最初、友近さんにオファーをいただいたときは「えっ、僕？」ってびっくりしたんですよね。だって、他に仲いい方、繋がりが深い方はたくさんいると思ってたから。

友近 ああいう自然体のスタイルのロケに合う人、合わない人があって、ヤスちゃんには絶対合うやろうなって思ったのよ。実際、ロケして

安田 むっちゃ嬉しかったです。

みたら、案の定「楽やなあ〜」って（笑）。

友近 そう、楽っていうのはいい！

安田 友近さんって、全然、声を張らないじゃないですか。その場所に自然になじんで対応していくというか。ロケ中、カメラが向ってもご飯屋さんに入ったら、声のトーンがどんどんちっちゃくなる。僕もなんか知らんうちに静かになっていって（笑）。音声さんが頑張ってマイクをいじって声を拾ってましたけど。

（※2）西尾一男ディナーショー「西尾一男とピザを囲む会」で恒例となっている、集まったお客さん参加型の一男にまつわる二択クイズ。その二択が「A or B」ではなく、「M寸 or L寸」で選ぶ独自の形式となっている。

（※3）「おさんぽ北海道〜この旅はお世話になります〜」（HBC）。友近がゲストとともに、大好きな北海道内の市町村を旅し、その土地ならではの特産やグルメを紹介する。安田さんは3月の富良野編、5月の知床編にゲスト出演。

友近　（大声で）「はいっ、ということで！」みたいなのができない。コントでしかそんなでっかい声、出さないかもしれない。なんか恥ずかしいから……恥ずかしいっていうか、でも、そういうところがあるのよ。あと、お店に来てる人の邪魔になるんじゃないかとか、それはすごくあると思う。

安田　そうそう、そこはめっちゃ気にされてますよね。

友近　お金を出してそこに来てる人の時間を、ロケで来たうちらがお邪魔したらあかんと思うから、すぐ「あんま大きな声出したらあかんで」とか周りの人に言っちゃうし（笑）。

安田　友近さん、基本、声が大きい人が好きじゃないですしね。「ご飯屋さんとかで大きな声出してしゃべってる人好きじゃない」って最初っから言ってましたもん。

友近　そう！　本当にでっかい声でしゃべってるやん、みんな。全部聞こえるからね？

安田　まぁ、僕ら普段から個室のお店に行かないから。友近さんって食べログの点数が高い低いは抜きにして、いい店かどうか見抜く眼力があるって言い切るじゃないですか。

友近　それはこの本にも書いてるよ（六八ページ参照）。

安田　あ、書いてるのか（笑）。だから毎回、お店選びはお任せしてるんですけど、ほんまに選んでくれるお店がおいしいんですよ。

二人で初めて行った焼き鳥屋さんも行きつけみたいになって。

友近 そうそうそう。私も個室にこだわらないけど、ヤスちゃんも「個室じゃなくていい」って言うてくれるから、そこにこだわらず探してる。

安田 僕、嫌いなんですよ、タレントやってるからとかアイドルやってるから個室使わなきゃ、タクシー使わなきゃ、みたいなのが。ファンの方に気づかれることもあるし、心配されることもあるんですけど「僕はみんなと同じただの生き物なんだ!」って思いの方が強いんです。でも友近さんも電車に乗るし、普通に歩いてるじゃないですか。

ご飯屋さんに入ったら、早々に帽子を取ってメガネを取ってマスクもはずして、もう「友近です!」っていう状態になって。あんまり気にしないんじゃないですか?

友近 そうやね……ちょっとややこしい人がいると関わりたくないなってのはあるよね。

安田 それはありますね。でも、こないだもちょっと賑やかな方々がいらっしゃったんで「一杯飲んだら移動します?」って言ってたんですけど、結局、最後まで長いことそこにいた。

友近 そうそう。(小声で)ヤスちゃんが新橋で職質されて遅れてきた話はしていいの?

安田 アハハハ! 忘れてた。そう僕、職質されたんでした。新橋の駅を降りて速攻、警察の方に「はい、ちょっとすみません」って呼び止められて。職質って身元を確認されるだけじゃなくて、「ちょっとカバンの中身見せてもらっていいですか?」みたいなことも言われるんですよね。何もやましいことないから「どうぞ見てください」だったんですけど、そのときたまたまボイトレに使う細いストローが5本入ってたんですよ。

友近 あ〜〜(笑)。

安田 「ス、ストロー!? 何に使うんですか?」

「いや、ボイストレーニングに使うんです」

「ボ、ボイストレーニング?」みたいな(笑)。

もちろん理解してもらってご飯屋さんに向かったんですけど、友近さんとか、待たせてしまった方々へ遅れて来た理由を話したらみんな大笑いしてましたね。こんな職質されるアイドルもなかなかおらへんから。

友近 おらんやろ(笑)。やっぱりワインボトル持って、派手な服装してるから目を引いたんやろね。そういうところもおもろいのよ。

「友近さんという生き物を見てるだけで楽しいんです」

友近 二人でいたら、いろんな話をするよね。仕事の話もするし、アホみたいな話もするし、考え方の話とかもするし……興味を持つものが似てるから、話がすぐ伝わるのが嬉しい。

安田 意思の疎通が早いって言ったらいいですかね。この話、どうかな、わかるかなっていうのが少ないというか、説明に時間をかけずに会話できますよね。

友近 知り合いになる前から、二人とも北海道・知床のおじいさんの漁師、大瀬さんのドキュメンタリーを見てたりね(※4)。人間に近づいてくるヒグマに、大瀬さんが「こらっ!」と叱ると、ヒグマが遠ざかっていくんだけど、あれは本当に好きなドキュメンタリーだったから。

安田 僕も今でもハードディスクに残してあるくらい好きな番組だったからびっくりしました。「おさんぽ北海道」の知床のロケのときは、二人で大瀬さんの真似して(笑)。

友近 あとヤスちゃん、BSの「妄想トレイン」のヘビー視聴者やから。

安田 僕、「妄想トレイン」で行った店名とか、いいなと思ったお宿は全部メモして登録していってますからね。(伊勢志摩・賢島《かしこじま》温泉の)「汀渚《ていしょ》 ばさら邸」めっちゃ行きたいん

(※4)「NHKスペシャル」などで何度か放送されている、世界自然遺産の北海道、知床を舞台に、ルシャという場所で漁を営む人々と、ヒグマが共存共栄していく姿を描く。どう猛で、かつては駆除される存在だったヒグマだが、ベテラン漁師の大瀬初三郎さんは、目を見て「こら!」と大声で叱りつけると、どんなヒグマも怯んで去っていくことに気づく。世界中どこにも類を見ない、大自然の中で生きる人とヒグマの関係性を見つめる感動必至のドキュメンタリー。

ですよ、僕。

友近 あ、いいよ、ばさら邸！

安田 ……って、こういう会話になるから止まらない（笑）。あとね、僕からしたら、友近さんって今まで出会ったことない類《たぐい》の新人種なんです。こうやって会話してても相槌《あいづち》のトーンが面白すぎるんです。

友近 わかる、それ。

安田 今の「わかる、それ」もそうです！　自分のことをツッコまれたの!!　今の速度感と音符感が面白いんですよ。

友近 はいはいはい。私と長年付き合いのある人は、そういうところをツッコんでくる人もいるんだけど、ヤスちゃんは気づくのが早かったよね。

安田 でしょ？　その自覚あります。なんていうか、卓球のスマッシュみたいな感じなんですよ。すごい速度と強さでパンッて返ってくる相槌が異常に多い。「はいはいはい（早口でものまね）」みたいな。

友近 そうなんやろね（笑）。

安田 今の「そうなんやろうね」のトーンもおかしい。これも安田警察に捕まりました。もう言い出したらキリがない。

友近 ヤスちゃんはみんながちょっと「変やな」と思っても「ま、友近ってそういう相槌なんだ」で流すところを逃さない。引っかかるところがあったら、絶対うやむやにしないよね？

安田 うやむやにできないですもん。

友近 なんか変わった生き物を見てる感じよね。私の行動を。

安田 友近さんという生き物を見てるだけで楽しいんです。僕、いつも無意識に人間観察をしてるようなところがあるんですけど、こんな人いないですもん。一緒にご飯屋さんに行って帰ろうとすると、一時間くらい歩いて帰ったりするじゃないですか。だから、「ちょっと歩こか」って友近さんから言ってくださって、お話ししながら帰るんですけど、そうなったときに「友近さん、それ普通じゃないです。おかしいです」っていう、僕の〝気になりポイント〟がどんどん出てくるんです（笑）。一〇割打者まではいかないけど、八割か七割ぐらいはヒットする。興味をひかれるポイントがどんどん溢れ出てくる、湧き水みたいな人なんですよ。

友近 アハハハハ！

安田 涸れない井戸みたいな……いや、いいワード出ましたね。涸れない井戸ですよ（笑）。

友近 それは嬉しいよ。私の行動でニヤニヤなるんやろなと思うと、おもろいよなぁ。

安田 今の「おもろいよなぁ」もおかしい。自分の話のはずやのに、まったく他人のこと話してるみたいなテンションなんですよ。

友近 そのトーンはね、いつも俯瞰で見ちゃうセからきてるのかもしれない。水谷千重子にしても西尾一男にしても、やってる最中はそれぞれ一〇〇%西尾、一〇〇%水谷なんだけど、どこかに友近が残ってて、俯瞰で見てやってる感覚があって。ってことは九九%かな。だから、普段の友近も、どこか俯瞰で見ちゃうクセがあるのかも。ヤスちゃんに言われたことを「あ〜、友近ってそうやな」ってトーンになるんやと思う。

安田 それはめちゃくちゃあると思います……なんか天津さんの「あると思います」みたいになって、今、恥ずかしい（笑）。

友近 ふ〜。

安否確認をしてくれる面白い関係性

友近 でもヤスちゃんは丁寧よね。こうしてしゃべっててもそう感じるし、携帯でのやりとりもそう。質問が何個かあったとしたら、メインの質問には答えても、たいていの人は何個かは見逃したりするやん。でも、ちゃんと一個一個返してくれる。

安田 僕、そんなんでしたっけ？

友近 そう。まあ丁寧よ、本当に。日本語もなんか面白い。たまに海外の人とＬＩＮＥしてる感じがするもん。英語の教科書みたいな文面の返信だったりして。「はい、それは嬉しいです」みたいなやつ（笑）。

安田 それ、前から友近さんに指摘されるんですけど、自覚ないんですよね。あまりに一個一個丁寧に返すから、友近さんから「このままじゃ終わらんぞ」って言ってやりとりを終わらせてくれる（笑）。

友近 そうそう（笑）。

安田 こんなんまったく表に出る会話じゃなくて、ほんま、友近さんとの僕とのリアルなやりとりですよ（笑）。

友近 ただね、ヤスちゃんは夜九時以降になったらぱったり連絡が取れなくなる。だから、こっちもそれまでに終われるように早く打たな～！って思ってる。

安田 酔っ払っちゃうんですよね。携帯を置いたままにして、音楽を聴いてたり、映画を観てたり、戯曲を読んでたりして……。

友近 戯曲!? だから、そこもいじるの。「二十一時過ぎたら返ってこないから、二十一時前にメール打っといてよ」って言って（笑）。

安田 でも、たまに二十一時以降に返信すると「うわ、返ってきた！ ヤスちゃんが珍しく起きてる！」「いや、この時間に仕事してることもありますよ！」って返すこともありますね（笑）。

友近 あとね、ヤスちゃんはとにかく優しい。私の体調が悪くなったときも親身になってくれて。

安田　だって心配やもん。

友近　めまいが続いて「更年期かなぁ」とか言うてるときも、「今日は体調、大丈夫ですか?」ってしょっちゅう連絡をくれて。「コロナになったときの保健所の人やないねんから!! 毎日、安否確認してくれるな〜」って送ったよね（笑）。

安田　いや、忙しすぎるんですよ。クラクラするって言ってるときも、地方ロケに行くとか言うから「もう行くな!」って送ったときもありました。

友近　ほんとに面白い関係性よね。

共通するのは「楽しいことを仕事にしていること」

安田　友近さんとは共通する感覚が多いんですけど、なかでも一番の共通言語としてあるんじゃないかなぁと思うのは、「仕事を仕事として考えてない」というところかなぁ、と。

友近　そう! 楽しいことをやりたいし、楽しいことを仕事にしてるから。だから、ロケに行ったときに、「あ〜、これが仕事じゃなかったらよかったのになぁ」とか「仕事じゃなかったら楽しいのに」っていう人って結構いるけど、「えっそうなん?」って思うのよね。

安田 わかります。仕事現場に来て「はあ〜……」ってため息つく人って意外とたくさんいるんですけど、そういう人の感覚は、正直、圏外だと思っちゃいます。僕も、どこの現場に行っても楽しいですもん。

友近 特にここ数年は、自分のやり方で仕事がやれてるから余計にそう思うのかな。昔はスケジュール表を見ながら「あと二週間頑張ったら楽しい仕事が来るわ」みたいな時期もあったけど、今は「今日はヤスちゃんと会える、楽しぃ！」「明日は西尾一男になれる、楽しぃ！」「明後日はラジオのイベントで（ちゃらんぽらん）冨好さんと（ロバート）秋山さんと会える、楽しぃ！」とか、もう毎日が楽しぃ仕事の連続やから、ストレスも全然溜まらない。

安田 まったく一緒です。楽しいことを仕事に繋げてるから、全部が「楽しい」の延長線上にある。そこに趣味も乗っかったりもするから、ほんとに相乗効果で「楽しぃ」しかなくて。だから、疲れないのかな。

友近 そう、疲れないのはそれなのよ！　ただ、芸人からよく「自分がやりたい仕事ばっかりしててええなぁ」って言われることも多いんだけど、「それができるようになるまでには、結構努力してきましたよ」とも思うんだけどね。でも、言い返すのも嫌やから

「はい……」って答えるけど。そう思う人は、もうそれでいいわと思って。

安田　その会話、僕も聞かせてもらってたから、めっちゃわかりますね……。

友近さんはずっとちゃんとした自分の意志を持っているから勘違いされることもあったただろうけれど、ときには立ち向かわないといいものが作れない、楽しい仕事ができないっていうことに気づいちゃった人なんですよ。だからこそ、今の状態に至ってるんだろうなぁ、と。僕は友近さんとはまた違って、会社の中にいて仕事をしてるけど、どんな仕事をやるべきなのかとか、どういうふうに自分と向き合うべきか、それを考えておくことはすごく大事だなぁというのは、友近さんの背中を見てても感じます。

僕、来年、四〇歳になるんですよ。自分を大事にするというのは、ファンの皆さんを大事にするってことでもあるとか、さまざまな「ご縁」の大切さをより深く意識するようになってきてるんですが、「嘘八百」でいい先輩方との出会いがあって、さらにそういったことを感じるようになりました。

友近　だからいいタイミングで出会ったよね。

安田　だと思います。三十八、三十九という年齢って、男性も女性も、その間にいる性別の方もいろいろ転機な気がするから。友近さんは人生の先輩でもあるので尊敬するところがたくさんあるんだけど、変に先輩先輩って感じさせない人でもあるから……単純に楽しいもんな、こうやって会話している時間も。僕、とにかく大好きなんです。

友近　ありがとうございます！

一緒にやりたいことは山ほどある

安田　「嘘八百」の初日舞台挨拶で、今後の目標みたいなことを聞かれたときに、僕「水谷千重子さんと共演することです」って答えたんですけど、いつか千重子さんの明治座、博多座公演のアーティスト枠としてジョインさせていただきたいです。一緒にデュエットさせてもらうとか、それこそ中洲ジャズに僕も参加させていただいて、一緒にステージに立つとか。

友近　それはもう、ぜひ！　ヤスちゃんと一緒のステージに立てたら楽しいよね。私は、その舞台挨拶のときの質問に「水谷千重子コンサートのハワイ公演をすること」って答えたんだけど理想は「西尾一男と行く水谷千重子コンサート」。バカ言ってる（笑）。お客さんを連れて行くのは西尾一男で、行ったら千重子のコンサートが開催される。

安田　めっちゃ面白いですし、僕も行きたいです（笑）。

友近　そうやろ!?（笑）。アンタッチャブルのザキヤマ（山崎弘也）さんが「それ、やったらいいんじゃない？」って提案してくれたんよ。

安田　友近さんと一緒にやりたいことなんか山ほどあって。今回の対談を読んで、二人のこの楽しい空気感を感じてくださった方からの口コミだったり、業界の方が読んでくれて二人はこんなに楽しい関係性なんだってことに気づいてもらえると、またどこかに広がっていくかもしれないですしね。

友近　ね〜、いろんな形で楽しいことがずっと繋がってできたらいいよね。

安田　未来は楽しいことしかないなあって感じますね。

あとがき

思ってたより、読みやすかったですか？　てか、何これ？　って思いました？
日記というか帳面に書いてるメモというか、そんな感じですね。
改めてこうやって文字にするとなんとなく本になるんですね（笑）。
なってるかな??

何はともあれ、最後まで読んでいただき、ありがとうございました。

staff

インタビュー

［ハリセンボン 近藤春菜分］

ヘアメイク 栟木亜希子

衣装 壽村太一

［関ジャニ∞ 安田章大分］

ヘアメイク 山崎陽子

衣装 袴田能生

本文写真 友近

プロフィール・インタビュー写真 松山勇樹

構成 大道絵里子

協力 川口夏美

装幀 三瓶可南子

組版 キャップス

校正 麦秋アートセンター

編集 立原亜矢子

友近《ともちか》

芸人。1973年、愛媛県生まれ。地元・愛媛でのレポーター業を経て、26歳でNSC大阪校に入学。2003年「NHK上方漫才コンテスト」優秀賞、「NHK新人演芸大賞」演芸部門大賞、2004年「ABCお笑い新人グランプリ」優秀新人賞など受賞歴多数。5大会連続、合計6回ファイナル進出を果たした「R－1ぐらんぷり」では審査員も務める。コンスタントに単独ライブを開催するほか、芸能生活50年の水谷千重子、中高年プロアルバイター西尾一男などと共に全国を駆け巡る。

ちょっとここらで忘れないうちに

第1刷　2024年1月31日

著者　友近
発行者　小宮英行
発行所　株式会社 徳間書店
〒141-8202　東京都品川区上大崎3-1-1
目黒セントラルスクエア
電話　編集（03）5403-4344
販売（049）293-5521
振替　00140-0-44392

本文印刷　本郷印刷株式会社
カバー印刷　真生印刷株式会社
製本　東京美術紙工協業組合

ISBN978-4-19-865740-6